I0178105

ALBANEES

WOORDENSCHAT

THEMATISCHE WOORDENLIJST

NEDERLANDS
ALBANEES

De meest bruikbare woorden
Om uw woordenschat uit te breiden en
uw taalvaardigheid aan te scherpen

3000 woorden

Thematische woordenschat Nederlands-Albanees - 3000 woorden

Door Andrey Taranov

Woordenlijsten van T&P Books zijn bedoeld om u woorden van een vreemde taal te helpen leren, onthouden, en bestudering. Dit woordenboek is ingedeeld in thema's en behandelt alle belangrijk terreinen van het dagelijkse leven, bedrijven, wetenschap, cultuur, etc.

Het proces van het leren van woorden met behulp van de op thema's gebaseerde aanpak van T&P Books biedt u de volgende voordelen:

- Correct gegroepeerde informatie is bepalend voor succes bij opeenvolgende stadia van het leren van woorden
- De beschikbaarheid van woorden die van dezelfde stam zijn maakt het mogelijk om woordgroepen te onthouden (in plaats van losse woorden)
- Kleine groepen van woorden faciliteren het proces van het aanmaken van associatieve verbindingen, die nodig zijn bij het consolideren van de woordenschat
- Het niveau van talenkennis kan worden ingeschat door het aantal geleerde woorden

T&P Books Publishing
www.tpbooks.com

ISBN: 978-1-78767-021-1

Dit boek is ook beschikbaar in e-boek formaat.
Gelieve www.tpbooks.com te bezoeken of de belangrijkste online boekwinkels.

ALBANESE WOORDENSCHAT
nieuwe woorden leren

T&P Books woordenlijsten zijn bedoeld om u te helpen vreemde woorden te leren, te onthouden, en te bestuderen. De woordenschat bevat meer dan 3000 veel gebruikte woorden die thematisch geordend zijn.

* De woordenlijst bevat de meest gebruikte woorden
* Aanbevolen als aanvulling bij welke taalcursus dan ook
* Voldoet aan de behoeften van de beginnende en gevorderde student in vreemde talen
* Geschikt voor dagelijks gebruik, bestudering en zelftestactiviteiten
* Maakt het mogelijk om uw woordenschat te evalueren

Bijzondere kenmerken van de woordenschat

* De woorden zijn gerangschikt naar hun betekenis, niet volgens alfabet
* De woorden worden weergegeven in drie kolommen om bestudering en zelftesten te vergemakkelijken
* Woorden in groepen worden verdeeld in kleine blokken om het leerproces te vergemakkelijken
* De woordenschat biedt een handige en eenvoudige beschrijving van elk buitenlands woord

De woordenschat bevat 101 onderwerpen zoals:

Basisconcepten, getallen, kleuren, maanden, seizoenen, meeteenheden, kleding en accessoires, eten & voeding, restaurant, familieleden, verwanten, karakter, gevoelens, emoties, ziekten, stad, dorp, bezienswaardigheden, winkelen, geld, huis, thuis, kantoor, werken op kantoor, import & export, marketing, werk zoeken, sport, onderwijs, computer, internet, gereedschap, natuur, landen, nationaliteiten en meer ...

INHOUDSOPGAVE

UITSPRAAKGIDS

T&P fonetisch alfabet	Albanees voorbeeld	Nederlands voorbeeld
[a]	flas [flas]	acht
[e], [ɛ]	melodi [mɛlodí]	excuseren, hebben
[ə]	kërkoj [kərkój]	formule, wachten
[i]	pikë [píkə]	bidden, tint
[o]	motor [motór]	overeenkomst
[u]	fuqi [fucí]	hoed, doe
[y]	myshk [myʃk]	fuut, uur
[b]	brakë [brákə]	hebben
[c]	oqean [ocɛán]	petje
[d]	adoptoj [adoptój]	Dank u, honderd
[dz]	lexoj [lɛdzój]	zeldzaam
[dʒ]	xham [dʒam]	jeans, jungle
[ð]	dhomë [ðómə]	Stemhebbende dentaal, Engels - there
[f]	i fortë [i fórtə]	feestdag, informeren
[g]	bullgari [buɫgarí]	goal, tango
[h]	jaht [jáht]	het, herhalen
[j]	hyrje [hýrjɛ]	New York, januari
[ɟ]	zgjedh [zɟɛð]	Djengiz Khan
[k]	korik [korík]	kennen, kleur
[l]	lëviz [ləvíz]	delen, luchter
[ɫ]	shkallë [ʃkáɫə]	mallen
[m]	medalje [mɛdáljɛ]	morgen, etmaal
[n]	klan [klan]	nemen, zonder
[ɲ]	spanjoll [spaɲóɫ]	cognac, nieuw
[ŋ]	trung [truŋ]	optelling
[p]	polici [politsí]	parallel, koper
[r]	i erët [i érət]	roepen, breken
[ɾ]	groshë [gróʃə]	korte aangetipte tongpunt- r
[s]	spital [spitál]	spreken, kosten
[ʃ]	shes [ʃɛs]	shampoo, machine
[t]	tapet [tapét]	tomaat, taart
[ts]	batica [batítsa]	niets, plaats
[tʃ]	kaçube [katʃúbɛ]	Tsjechië, cello
[v]	javor [javór]	beloven, schrijven
[z]	horizont [horizónt]	zeven, zesde
[ʒ]	kuzhinë [kuʒínə]	journalist, rouge
[θ]	përkthej [pərkθéj]	Stemloze dentaal, Engels - thank you

AFKORTINGEN
gebruikt in de woordenschat

Nederlandse afkortingen

abn	-	als bijvoeglijk naamwoord
bijv.	-	bijvoorbeeld
bn	-	bijvoeglijk naamwoord
bw	-	bijwoord
enk.	-	enkelvoud
enz.	-	enzovoort
form.	-	formele taal
inform.	-	informele taal
mann.	-	mannelijk
mil.	-	militair
mv.	-	meervoud
on.ww.	-	onovergankelijk werkwoord
ontelb.	-	ontelbaar
ov.	-	over
ov.ww.	-	overgankelijk werkwoord
telb.	-	telbaar
vn	-	voornaamwoord
vrouw.	-	vrouwelijk
vw	-	voegwoord
vz	-	voorzetsel
wisk.	-	wiskunde
ww	-	werkwoord

Nederlandse artikelen

de	-	gemeenschappelijk geslacht
de/het	-	gemeenschappelijk geslacht, onzijdig
het	-	onzijdig

Albanese afkortingen

f	-	vrouwelijk zelfstandig naamwoord
m	-	mannelijk zelfstandig naamwoord
pl	-	meervoud

BASISBEGRIPPEN

1. Voornaamwoorden

ik	Unë, mua	[unə], [múa]
jij, je	ti, ty	[ti], [ty]
hij	ai	[aí]
zij, ze	ajo	[ajó]
het	ai	[aí]
wij, we	ne	[nɛ]
jullie	ju	[ju]
zij, ze (mann.)	ata	[atá]
zij, ze (vrouw.)	ato	[ató]

2. Begroetingen. Begroetingen

Hallo! Dag!	Përshëndetje!	[pərʃəndétjɛ!]
Hallo!	Përshëndetje!	[pərʃəndétjɛ!]
Goedemorgen!	Mirëmëngjes!	[mirəmənɟés!]
Goedemiddag!	Mirëdita!	[mirədíta!]
Goedenavond!	Mirëmbrëma!	[mirəmbréma!]
gedag zeggen (groeten)	përshëndes	[pərʃəndés]
Hoi!	Ç'kemi!	[tʃ'kémi!]
groeten (het)	përshëndetje (f)	[pərʃəndétjɛ]
verwelkomen (ww)	përshëndes	[pərʃəndés]
Hoe gaat het met u?	Si jeni?	[si jéni?]
Hoe is het?	Si je?	[si jɛ?]
Is er nog nieuws?	Çfarë ka të re?	[tʃfárə ká tə ré?]
Tot ziens! (form.)	Mirupafshim!	[mirupáfʃim!]
Doei!	U pafshim!	[u páfʃim!]
Tot snel! Tot ziens!	Shihemi së shpejti!	[ʃíhɛmi sə ʃpéjti!]
Vaarwel!	Lamtumirë!	[lamtumírə!]
afscheid nemen (ww)	përshëndetem	[pərʃəndétɛm]
Tot kijk!	Tungjatjeta!	[tunɟatjéta!]
Dank u!	Faleminderit!	[falɛmindérit!]
Dank u wel!	Faleminderit shumë!	[falɛmindérit ʃúmə!]
Graag gedaan	Të lutem	[tə lútɛm]
Geen dank!	Asgjë!	[asɟé!]
Geen moeite.	Asgjë	[asɟé]
Excuseer me, ... (inform.)	Më fal!	[mə fal!]
Excuseer me, ... (form.)	Më falni!	[mə fálni!]

excuseren (verontschuldigen)	fal	[fal]
zich verontschuldigen	kërkoj falje	[kərkój fáljɛ]
Mijn excuses.	Kërkoj ndjesë	[kərkój ndjésə]
Het spijt me!	Më vjen keq!	[mə vjɛn kɛc!]
vergeven (ww)	fal	[fal]
Maakt niet uit!	S'ka gjë!	[s'ka ɟə!]
alsjeblieft	të lutem	[tə lútɛm]

Vergeet het niet!	Mos harro!	[mos haró!]
Natuurlijk!	Sigurisht!	[siguríʃt!]
Natuurlijk niet!	Sigurisht që jo!	[siguríʃt cə jo!]
Akkoord!	Në rregull!	[nə réguɫ!]
Zo is het genoeg!	Mjafton!	[mjaftón!]

3. Vragen

Wie?	Kush?	[kuʃ?]
Wat?	Çka?	[tʃká?]
Waar?	Ku?	[ku?]
Waarheen?	Për ku?	[pər ku?]
Waarvandaan?	Nga ku?	[ŋa ku?]
Wanneer?	Kur?	[kur?]
Waarom?	Pse?	[psɛ?]
Waarom?	Pse?	[psɛ?]

Waarvoor dan ook?	Për çfarë arsye?	[pər tʃfárə arsýɛ?]
Hoe?	Si?	[si?]
Wat voor ...?	Çfarë?	[tʃfárə?]
Welk?	Cili?	[tsíli?]

Aan wie?	Kujt?	[kújt?]
Over wie?	Për kë?	[pər kə?]
Waarover?	Për çfarë?	[pər tʃfárə?]
Met wie?	Me kë?	[mɛ kə?]

Hoeveel?	Sa?	[sa?]
Van wie?	Të kujt?	[tə kujt?]

4. Voorzetsels

met (bijv. ~ beleg)	me	[mɛ]
zonder (~ accent)	pa	[pa]
naar (in de richting van)	për në	[pər nə]
over (praten ~)	për	[pər]
voor (in tijd)	përpara	[pərpára]
voor (aan de voorkant)	para ...	[pára ...]

onder (lager dan)	nën	[nən]
boven (hoger dan)	mbi	[mbí]
op (bovenop)	mbi	[mbí]
van (uit, afkomstig van)	nga	[ŋa]
van (gemaakt van)	nga	[ŋa]

| over (bijv. ~ een uur) | për | [pər] |
| over (over de bovenkant) | sipër | [sípər] |

5. Functiewoorden. Bijwoorden. Deel 1

Waar?	Ku?	[ku?]
hier (bw)	këtu	[kəlú]
daar (bw)	atje	[atjé]

| ergens (bw) | diku | [dikú] |
| nergens (bw) | askund | [askúnd] |

| bij ... (in de buurt) | afër | [áfər] |
| bij het raam | tek dritarja | [tɛk dritárja] |

Waarheen?	Për ku?	[pər ku?]
hierheen (bw)	këtu	[kətú]
daarheen (bw)	atje	[atjé]
hiervandaan (bw)	nga këtu	[ŋa kətú]
daarvandaan (bw)	nga atje	[ŋa atjɛ]

| dichtbij (bw) | pranë | [pránə] |
| ver (bw) | larg | [larg] |

in de buurt (van ...)	afër	[áfər]
dichtbij (bw)	pranë	[pránə]
niet ver (bw)	jo larg	[jo lárg]

linker (bn)	majtë	[májtə]
links (bw)	majtas	[májtas]
linksaf, naar links (bw)	në të majtë	[nə tə májtə]

rechter (bn)	djathtë	[djáθtə]
rechts (bw)	djathtas	[djáθtas]
rechtsaf, naar rechts (bw)	në të djathtë	[nə tə djáθtə]

vooraan (bw)	përballë	[pərbáłə]
voorste (bn)	i përparmë	[i pərpármə]
vooruit (bw)	përpara	[pərpára]

achter (bw)	prapa	[prápa]
van achteren (bw)	nga prapa	[ŋa prápa]
achteruit (naar achteren)	pas	[pas]

| midden (het) | mes (m) | [mɛs] |
| in het midden (bw) | në mes | [nə mɛs] |

opzij (bw)	në anë	[nə anə]
overal (bw)	kudo	[kúdo]
omheen (bw)	përreth	[pəréθ]

binnenuit (bw)	nga brenda	[ŋa brénda]
naar ergens (bw)	diku	[dikú]
rechtdoor (bw)	drejt	[dréjt]

terug (bijv. ~ komen)	pas	[pas]
ergens vandaan (bw)	nga kudo	[ŋa kúdo]
ergens vandaan (en dit geld moet ~ komen)	nga diku	[ŋa dikú]
ten eerste (bw)	së pari	[sə pári]
ten tweede (bw)	së dyti	[sə dýti]
ten derde (bw)	së treti	[sə tréti]
plotseling (bw)	befas	[béfas]
in het begin (bw)	në fillim	[nə fiłím]
voor de eerste keer (bw)	për herë të parë	[pər hérə tə párə]
lang voor ... (bw)	shumë përpara ...	[ʃúmə pərpára ...]
opnieuw (bw)	sërish	[səríʃ]
voor eeuwig (bw)	një herë e mirë	[ɲə hérə ɛ mírə]
nooit (bw)	kurrë	[kúrə]
weer (bw)	përsëri	[pərsərí]
nu (bw)	tani	[táni]
vaak (bw)	shpesh	[ʃpɛʃ]
toen (bw)	atëherë	[atəhérə]
urgent (bw)	urgjent	[urɟént]
meestal (bw)	zakonisht	[zakoníʃt]
trouwens, ... (tussen haakjes)	meqë ra fjala, ...	[mécə ra fjála, ...]
mogelijk (bw)	ndoshta	[ndóʃta]
waarschijnlijk (bw)	mundësisht	[mundəsíʃt]
misschien (bw)	mbase	[mbásɛ]
trouwens (bw)	pörveç	[pərvétʃ]
daarom ...	ja përse ...	[ja pərsé ...]
in weerwil van ...	pavarësisht se ...	[pavarəsíʃt sɛ ...]
dankzij ...	falë ...	[fálə ...]
wat (vn)	çfarë	[tʃfárə]
dat (vw)	që	[cə]
iets (vn)	diçka	[ditʃká]
iets	ndonji gjë	[ndoɲí ɟə]
niets (vn)	asgjë	[asɟə́]
wie (~ is daar?)	kush	[kuʃ]
iemand (een onbekende)	dikush	[dikúʃ]
iemand (een bepaald persoon)	dikush	[dikúʃ]
niemand (vn)	askush	[askúʃ]
nergens (bw)	askund	[askúnd]
niemands (bn)	i askujt	[i askújt]
iemands (bn)	i dikujt	[i dikújt]
zo (Ik ben ~ blij)	aq	[ác]
ook (evenals)	gjithashtu	[ɟiθaʃtú]
alsook (eveneens)	gjithashtu	[ɟiθaʃtú]

6. Functiewoorden. Bijwoorden. Deel 2

Waarom?	Pse?	[psɛ?]
om een bepaalde reden	për një arsye	[pər ɲə arsýɛ]
omdat ...	sepse ...	[sɛpsé ...]
voor een bepaald doel	për ndonjë shkak	[pər ndóɲə ʃkak]
en (vw)	dha	[ðɛ]
of (vw)	ose	[ósɛ]
maar (vw)	por	[por]
voor (vz)	për	[pər]
te (~ veel mensen)	tepër	[tépər]
alleen (bw)	vetëm	[vétəm]
precies (bw)	pikërisht	[pikəríʃt]
ongeveer (~ 10 kg)	rreth	[rɛθ]
omstreeks (bw)	përafërsisht	[pərafərsíʃt]
bij benadering (bn)	përafërt	[pəráfərt]
bijna (bw)	pothuajse	[poθúajsɛ]
rest (de)	mbetje (f)	[mbétjɛ]
de andere (tweede)	tjetri	[tjétri]
ander (bn)	tjetër	[tjétər]
elk (bn)	çdo	[tʃdo]
om het even welk	çfarëdo	[tʃfarədó]
veel (telb.)	disa	[disá]
veel (ontelb.)	shumë	[ʃúmə]
veel mensen	shumë njerëz	[ʃúmə ɲérəz]
iedereen (alle personen)	të gjithë	[tə ɟíθə]
in ruil voor ...	në vend të ...	[nə vénd tə ...]
in ruil (bw)	në shkëmbim të ...	[nə ʃkəmbím tə ...]
met de hand (bw)	me dorë	[mɛ dórə]
onwaarschijnlijk (bw)	vështirë se ...	[vəʃtírə sɛ ...]
waarschijnlijk (bw)	mundësisht	[mundəsíʃt]
met opzet (bw)	me qëllim	[mɛ cəɫím]
toevallig (bw)	aksidentalisht	[aksidɛntalíʃt]
zeer (bw)	shumë	[ʃúmə]
bijvoorbeeld (bw)	për shembull	[pər ʃémbuɫ]
tussen (~ twee steden)	midis	[midís]
tussen (te midden van)	rreth	[rɛθ]
zoveel (bw)	kaq shumë	[kác ʃúmə]
vooral (bw)	veçanërisht	[vɛtʃanəríʃt]

GETALLEN. DIVERSEN

7. Kardinale getallen. Deel 1

nul	zero	[zéro]
een	një	[ɲə]
twee	dy	[dy]
drie	tre	[trɛ]
vier	katër	[kátər]

vijf	pesë	[pésə]
zes	gjashtë	[ɟáʃtə]
zeven	shtatë	[ʃtátə]
acht	tetë	[tétə]
negen	nëntë	[nəntə]

tien	dhjetë	[ðjétə]
elf	njëmbëdhjetë	[ɲəmbəðjétə]
twaalf	dymbëdhjetë	[dymbəðjétə]
dertien	trembëdhjetë	[trɛmbəðjétə]
veertien	katërmbëdhjetë	[katərmbəðjétə]

vijftien	pesëmbëdhjetë	[pɛsəmbəðjétə]
zestien	gjashtëmbëdhjetë	[ɟaʃtəmbəðjétə]
zeventien	shtatëmbëdhjetë	[ʃtatəmbəðjétə]
achttien	tetëmbëdhjetë	[tɛtəmbəðjétə]
negentien	nëntëmbëdhjetë	[nəntəmbəðjétə]

twintig	njëzet	[ɲəzét]
eenentwintig	njëzet e një	[ɲəzét ɛ ɲə]
tweeëntwintig	njëzet e dy	[ɲəzét ɛ dy]
drieëntwintig	njëzet e tre	[ɲəzét ɛ trɛ]

dertig	tridhjetë	[triðjétə]
eenendertig	tridhjetë e një	[triðjétə ɛ ɲə]
tweeëndertig	tridhjetë e dy	[triðjétə ɛ dy]
drieëndertig	tridhjetë e tre	[triðjétə ɛ trɛ]

veertig	dyzet	[dyzét]
eenenveertig	dyzet e një	[dyzét ɛ ɲə]
tweeënveertig	dyzet e dy	[dyzét ɛ dy]
drieënveertig	dyzet e tre	[dyzét ɛ trɛ]

vijftig	pesëdhjetë	[pɛsəðjétə]
eenenvijftig	pesëdhjetë e një	[pɛsəðjétə ɛ ɲə]
tweeënvijftig	pesëdhjetë e dy	[pɛsəðjétə ɛ dy]
drieënvijftig	pesëdhjetë e tre	[pɛsəðjétə ɛ trɛ]

| zestig | gjashtëdhjetë | [ɟaʃtəðjétə] |
| eenenzestig | gjashtëdhjetë e një | [ɟaʃtəðjétə ɛ ɲə] |

tweeënzestig	gjashtëdhjetë e dy	[jaʃtəðjétə ɛ dý]
drieënzestig	gjashtëdhjetë e tre	[jaʃtəðjétə ɛ tré]
zeventig	shtatëdhjetë	[ʃtatəðjétə]
eenenzeventig	shtatëdhjetë e një	[ʃtatəðjétə ɛ ɲə]
tweeënzeventig	shtatëdhjetë e dy	[ʃtatəðjétə ɛ dy]
drieënzeventig	shtatëdhjetë e tre	[ʃtatəðjétə ɛ trɛ]
tachtig	tetëdhjetë	[tɛtəðjétə]
eenentachtig	tetëdhjetë e një	[tɛtəðjétə ɛ ɲə]
tweeëntachtig	tetëdhjetë e dy	[tɛtəðjétə ɛ dy]
drieëntachtig	tetëdhjetë e tre	[tɛtəðjétə ɛ trɛ]
negentig	nëntëdhjetë	[nəntəðjétə]
eenennegentig	nëntëdhjetë e një	[nəntəðjétə ɛ ɲə]
tweeënnegentig	nëntëdhjetë e dy	[nəntəðjétə ɛ dy]
drieënnegentig	nëntëdhjetë e tre	[nəntəðjétə ɛ trɛ]

8. Kardinale getallen. Deel 2

honderd	njëqind	[ɲecínd]
tweehonderd	dyqind	[dycínd]
driehonderd	treqind	[trɛcínd]
vierhonderd	katërqind	[katərcínd]
vijfhonderd	pesëqind	[pɛsəcínd]
zeshonderd	gjashtëqind	[jaʃtəcínd]
zevenhonderd	shtatëqind	[ʃtatəcínd]
achthonderd	tetëqind	[tɛtəcínd]
negenhonderd	nëntëqind	[nəntəcínd]
duizend	një mijë	[ɲə míjə]
tweeduizend	dy mijë	[dy míjə]
drieduizend	tre mijë	[trɛ míjə]
tienduizend	dhjetë mijë	[ðjétə míjə]
honderdduizend	njëqind mijë	[ɲecínd míjə]
miljoen (het)	milion (m)	[milión]
miljard (het)	miliardë (f)	[miliárdə]

9. Ordinale getallen

eerste (bn)	i pari	[i pári]
tweede (bn)	i dyti	[i dýti]
derde (bn)	i treti	[i tréti]
vierde (bn)	i katërti	[i kátərti]
vijfde (bn)	i pesti	[i pésti]
zesde (bn)	i gjashti	[i jáʃti]
zevende (bn)	i shtati	[i ʃtáti]
achtste (bn)	i teti	[i téti]
negende (bn)	i nënti	[i nénti]
tiende (bn)	i dhjeti	[i ðjéti]

KLEUREN. MEETEENHEDEN

10. Kleuren

kleur (de)	ngjyrë (f)	[nɟýrə]
tint (de)	nuancë (f)	[nuántsə]
kleurnuance (de)	tonalitet (m)	[tonalitét]
regenboog (de)	ylber (m)	[ylbér]
wit (bn)	e bardhë	[ɛ bárðə]
zwart (bn)	e zezë	[ɛ zézə]
grijs (bn)	gri	[gri]
groen (bn)	jeshile	[jɛʃílɛ]
geel (bn)	e verdhë	[ɛ vérðə]
rood (bn)	e kuqe	[ɛ kúcɛ]
blauw (bn)	blu	[blu]
lichtblauw (bn)	bojëqielli	[bojəciéɬi]
roze (bn)	rozë	[rózə]
oranje (bn)	portokalli	[portokáɬi]
violet (bn)	bojëvjollcë	[bojəvjóɬtsə]
bruin (bn)	kafe	[káfɛ]
goud (bn)	e artë	[ɛ ártə]
zilverkleurig (bn)	e argjendtë	[ɛ arɟéndtə]
beige (bn)	bezhë	[béʒə]
roomkleurig (bn)	krem	[krɛm]
turkoois (bn)	e bruztë	[ɛ brúztə]
kersrood (bn)	qershi	[cɛrʃí]
lila (bn)	jargavan	[jargaván]
karmijnrood (bn)	e kuqe e thellë	[ɛ kúcɛ ɛ θéɬə]
licht (bn)	e hapur	[ɛ hápur]
donker (bn)	e errët	[ɛ érət]
fel (bn)	e ndritshme	[ɛ ndrítʃmɛ]
kleur-, kleurig (bn)	e ngjyrosur	[ɛ nɟyrósur]
kleuren- (abn)	ngjyrë	[nɟýrə]
zwart-wit (bn)	bardhë e zi	[bárðə ɛ zi]
eenkleurig (bn)	njëngjyrëshe	[ɲənɟýrəʃɛ]
veelkleurig (bn)	shumëngjyrëshe	[ʃumənɟýrəʃɛ]

11. Meeteenheden

gewicht (het)	peshë (f)	[péʃə]
lengte (de)	gjatësi (f)	[ɟatəsí]

breedte (de)	gjerësi (f)	[ɟɛrəsí]
hoogte (de)	lartësi (f)	[lartəsí]
diepte (de)	thellësi (f)	[θɛɬəsí]
volume (het)	vëllim (m)	[vəɬím]
oppervlakte (de)	sipërfaqe (f)	[sipərfácɛ]

gram (het)	gram (m)	[gram]
milligram (het)	miligram (m)	[miligrám]
kilogram (het)	kilogram (m)	[kilográm]
ton (duizend kilo)	ton (m)	[ton]
pond (het)	paund (m)	[páund]
ons (het)	ons (m)	[ons]

meter (de)	metër (m)	[métər]
millimeter (de)	milimetër (m)	[milimétər]
centimeter (de)	centimetër (m)	[tsɛntimétər]
kilometer (de)	kilometër (m)	[kilométər]
mijl (de)	milje (f)	[míljɛ]

duim (de)	inç (m)	[intʃ]
voet (de)	këmbë (f)	[kə́mbə]
yard (de)	jard (m)	[járd]

| vierkante meter (de) | metër katror (m) | [métər katrór] |
| hectare (de) | hektar (m) | [hɛktár] |

liter (de)	litër (m)	[lítər]
graad (de)	gradë (f)	[grádə]
volt (de)	volt (m)	[volt]
ampère (de)	amper (m)	[ampér]
paardenkracht (de)	kuaj-fuqi (f)	[kúaj-fucí]

hoeveelheid (de)	sasi (f)	[sasí]
een beetje ...	pak ...	[pak ...]
helft (de)	gjysmë (f)	[ɟýsmə]
dozijn (het)	dyzinë (f)	[dyzínə]
stuk (het)	copë (f)	[tsópə]

| afmeting (de) | madhësi (f) | [maðəsí] |
| schaal (bijv. ~ van 1 op 50) | shkallë (f) | [ʃkáɬə] |

minimaal (bn)	minimale	[minimálɛ]
minste (bn)	më i vogli	[mə i vógli]
medium (bn)	i mesëm	[i mésəm]
maximaal (bn)	maksimale	[maksimálɛ]
grootste (bn)	më i madhi	[mə i máði]

12. Containers

glazen pot (de)	kavanoz (m)	[kavanóz]
blik (conserven~)	kanoçe (f)	[kanótʃɛ]
emmer (de)	kovë (f)	[kóvə]
ton (bijv. regenton)	fuçi (f)	[futʃí]
ronde waterbak (de)	legen (m)	[lɛgén]

tank (bijv. watertank-70-ltr)	tank (m)	[tank]
heupfles (de)	faqore (f)	[facórɛ]
jerrycan (de)	bidon (m)	[bidón]
tank (bijv. ketelwagen)	cisternë (f)	[tsistérnə]

beker (de)	tas (m)	[tas]
kopje (het)	filxhan (m)	[fildʒán]
schoteltje (het)	pjatë filxhani (f)	[pjátə fildʒáni]
glas (het)	gotë (f)	[gótə]
wijnglas (het)	gotë vere (f)	[gótə vérɛ]
pan (de)	tenxhere (f)	[tɛndʒérɛ]

fles (de)	shishe (f)	[ʃíʃɛ]
flessenhals (de)	grykë	[grýkə]

karaf (de)	brokë (f)	[brókə]
kruik (de)	shtambë (f)	[ʃtámbə]
vat (het)	enë (f)	[énə]
pot (de)	enë (f)	[énə]
vaas (de)	vazo (f)	[vázo]

flacon (de)	shishe (f)	[ʃíʃɛ]
flesje (het)	shishkë (f)	[ʃíʃkə]
tube (bijv. ~ tandpasta)	tubet (f)	[tubét]

zak (bijv. ~ aardappelen)	thes (m)	[θɛs]
tasje (het)	qese (f)	[césɛ]
pakje (~ sigaretten, enz.)	paketë (f)	[pakétə]

doos (de)	kuti (f)	[kutí]
kist (de)	arkë (f)	[árkə]
mand (de)	shportë (f)	[ʃpórtə]

BELANGRIJKSTE WERKWOORDEN

13. De belangrijkste werkwoorden. Deel 1

aanbevelen (ww)	rekomandoj	[rɛkomandój]
aandringen (ww)	këmbëngul	[kəmbəŋúl]
aankomen (per auto, enz.)	arrij	[aríj]
aanraken (ww)	prek	[prɛk]
adviseren (ww)	këshilloj	[kəʃiɬój]

afdalen (on.ww.)	zbres	[zbrɛs]
afslaan (naar rechts ~)	kthej	[kθɛj]
antwoorden (ww)	përgjigjem	[pərɟíɟɛm]
bang zijn (ww)	kam frikë	[kam fríkə]
bedreigen (bijv. met een pistool)	kërcënoj	[kərtsənój]

bedriegen (ww)	mashtroj	[maʃtrój]
beëindigen (ww)	përfundoj	[pərfundój]
beginnen (ww)	filloj	[fiɬój]
begrijpen (ww)	kuptoj	[kuptój]
beheren (managen)	drejtoj	[drɛjtój]

beledigen (met scheldwoorden)	fyej	[fýɛj]
beloven (ww)	premtoj	[prɛmtój]
bereiden (koken)	gatuaj	[gatúaj]
bespreken (spreken over)	diskutoj	[diskutój]

bestellen (eten ~)	porosis	[porosís]
bestraffen (een stout kind ~)	ndëshkoj	[ndəʃkój]
betalen (ww)	paguaj	[pagúaj]
betekenen (beduiden)	nënkuptoj	[nənkuptój]
betreuren (ww)	pendohem	[pɛndóhɛm]

bevallen (prettig vinden)	pëlqej	[pəlcéj]
bevelen (mil.)	urdhëroj	[urðərój]
bevrijden (stad, enz.)	çliroj	[tʃlirój]
bewaren (ww)	mbaj	[mbáj]
bezitten (ww)	zotëroj	[zotərój]

bidden (praten met God)	lutem	[lútɛm]
binnengaan (een kamer ~)	hyj	[hyj]
breken (ww)	ndahem	[ndáhɛm]
controleren (ww)	kontrolloj	[kontroɬój]
creëren (ww)	krijoj	[krijój]

deelnemen (ww)	marr pjesë	[mar pjésə]
denken (ww)	mendoj	[mɛndój]
doden (ww)	vras	[vras]

doen (ww)	bëj	[bəj]
dorst hebben (ww)	kam etje	[kam étjɛ]

14. De belangrijkste werkwoorden. Deel 2

een hint geven	aludoj	[aludój]
eisen (met klem vragen)	kërkoj	[kərkój]
excuseren (vergeven)	fal	[fal]
existeren (bestaan)	ekzistoj	[ɛkzistój]
gaan (te voet)	ec në këmbë	[ɛts nə kémbə]
gaan zitten (ww)	ulem	[úlɛm]
gaan zwemmen	notoj	[notój]
geven (ww)	jap	[jap]
glimlachen (ww)	buzëqesh	[buzəcéʃ]
goed raden (ww)	hamendësoj	[hamɛndəsój]
grappen maken (ww)	bëj shaka	[bəj ʃaká]
graven (ww)	gërmoj	[gərmój]
hebben (ww)	kam	[kam]
helpen (ww)	ndihmoj	[ndihmój]
herhalen (opnieuw zeggen)	përsëris	[pərsərís]
honger hebben (ww)	kam uri	[kam urí]
hopen (ww)	shpresoj	[ʃprɛsój]
horen	dëgjoj	[dəɟój]
(waarnemen met het oor)		
huilen (wenen)	qaj	[caj]
huren (huis, kamer)	marr me qira	[mar mɛ cirá]
informeren (informatie geven)	informoj	[informój]
instemmen (akkoord gaan)	bie dakord	[bíɛ dakórd]
jagen (ww)	dal për gjah	[dál pər ɟáh]
kennen (kennis hebben	njoh	[ɲóh]
van iemand)		
kiezen (ww)	zgjedh	[zɟɛð]
klagen (ww)	ankohem	[ankóhɛm]
kosten (ww)	kushton	[kuʃtón]
kunnen (ww)	mund	[mund]
lachen (ww)	qesh	[cɛʃ]
laten vallen (ww)	lëshoj	[ləʃój]
lezen (ww)	lexoj	[lɛdzój]
liefhebben (ww)	dashuroj	[daʃurój]
lunchen (ww)	ha drekë	[ha drékə]
nemen (ww)	marr	[mar]
nodig zijn (ww)	nevojitet	[nɛvojítɛt]

15. De belangrijkste werkwoorden. Deel 3

onderschatten (ww)	nënvlerësoj	[nənvlɛrəsój]
ondertekenen (ww)	nënshkruaj	[nənʃkrúaj]

ontbijten (ww)	ha mëngjes	[ha mənɟés]
openen (ww)	hap	[hap]
ophouden (ww)	ndaloj	[ndalój]
opmerken (zien)	vërej	[vəréj]

opscheppen (ww)	mburrem	[mbúrɛm]
opschrijven (ww)	mbaj shënim	[mbáj ʃəním]
plannen (ww)	planifikoj	[planifikój]
prefereren (verkiezen)	preferoj	[prɛfɛrój]
proberen (trachten)	përpiqem	[pərpícɛm]
redden (ww)	shpëtoj	[ʃpətój]

rekenen op ...	mbështetem ...	[mbəʃtétɛm ...]
rennen (ww)	vrapoj	[vrapój]
reserveren (een hotelkamer ~)	rezervoj	[rɛzɛrvój]
roepen (om hulp)	thërras	[θərás]
schieten (ww)	qëlloj	[cəɫój]
schreeuwen (ww)	bërtas	[bərtás]

schrijven (ww)	shkruaj	[ʃkrúaj]
souperen (ww)	ha darkë	[ha dárkə]
spelen (kinderen)	luaj	[lúaj]
spreken (ww)	flas	[flas]
stelen (ww)	vjedh	[vjɛð]
stoppen (pauzeren)	ndaloj	[ndalój]

studeren (Nederlands ~)	studioj	[studiój]
sturen (zenden)	dërgoj	[dərgój]
tellen (optellen)	numëroj	[numərój]
toebehoren aan ...	përkas ...	[pərkás ...]
toestaan (ww)	lejoj	[lɛjój]
tonen (ww)	tregoj	[trɛgój]

twijfelen (onzeker zijn)	dyshoj	[dyʃój]
uitgaan (ww)	dal	[dal]
uitnodigen (ww)	ftoj	[ftoj]
uitspreken (ww)	shqiptoj	[ʃciptój]
uitvaren tegen (ww)	qortoj	[cortój]

16. De belangrijkste werkwoorden. Deel 4

vallen (ww)	bie	[bíɛ]
vangen (ww)	kap	[kap]
veranderen (anders maken)	ndryshoj	[ndryʃój]
verbaasd zijn (ww)	çuditem	[tʃudítɛm]
verbergen (ww)	fsheh	[fʃéh]

verdedigen (je land ~)	mbroj	[mbrój]
verenigen (ww)	bashkoj	[baʃkój]
vergelijken (ww)	krahasoj	[krahasój]
vergeten (ww)	harroj	[harój]
vergeven (ww)	fal	[fal]
verklaren (uitleggen)	shpjegoj	[ʃpjɛgój]

22

verkopen (per stuk ~)	shes	[ʃɛs]
vermelden (praten over)	përmend	[pərménd]
versieren (decoreren)	zbukuroj	[zbukurój]
vertalen (ww)	përkthej	[pərkθéj]

vertrouwen (ww)	besoj	[bɛsój]
vervolgen (ww)	vazhdoj	[vaʒdój]
verwarren (met elkaar ~)	ngatërroj	[ŋatərój]
verzoeken (ww)	pyes	[pýɛs]
verzuimen (school, enz.)	humbas	[humbás]

vinden (ww)	gjej	[ɟéj]
vliegen (ww)	fluturoj	[fluturój]
volgen (ww)	ndjek ...	[ndjék ...]
voorstellen (ww)	propozoj	[propozój]
voorzien (verwachten)	parashikoj	[paraʃikój]
vragen (ww)	pyes	[pýɛs]

waarnemen (ww)	vëzhgoj	[vəʒgój]
waarschuwen (ww)	paralajmëroj	[paralajmərój]
wachten (ww)	pres	[prɛs]
weerspreken (ww)	kundërshtoj	[kundərʃtój]
weigeren (ww)	refuzoj	[rɛfuzój]

werken (ww)	punoj	[punój]
weten (ww)	di	[di]
willen (verlangen)	dëshiroj	[dəʃirój]
zeggen (ww)	them	[θɛm]
zich haasten (ww)	nxitoj	[ndzitój]

zich interesseren voor ...	interesohem ...	[intɛrɛsóhɛm ...]
zich vergissen (ww)	gaboj	[gabój]
zich verontschuldigen	kërkoj falje	[kərkój fáljɛ]
zien (ww)	shikoj	[ʃikój]

zijn (ww)	jam	[jam]
zoeken (ww)	kërkoj ...	[kərkój ...]
zwemmen (ww)	notoj	[nətój]
zwijgen (ww)	hesht	[hɛʃt]

TIJD. KALENDER

17. Dagen van de week

maandag (de)	E hënë (f)	[ɛ hǝnǝ]
dinsdag (de)	E martë (f)	[ɛ mártǝ]
woensdag (de)	E mërkurë (f)	[ɛ mǝrkúrǝ]
donderdag (de)	E enjte (f)	[ɛ éɲtɛ]
vrijdag (de)	E premte (f)	[ɛ prémtɛ]
zaterdag (de)	E shtunë (f)	[ɛ ʃtúnǝ]
zondag (de)	E dielë (f)	[ɛ díɛlǝ]
vandaag (bw)	sot	[sot]
morgen (bw)	nesër	[nésǝr]
overmorgen (bw)	pasnesër	[pasnésǝr]
gisteren (bw)	dje	[djé]
eergisteren (bw)	pardje	[pardjé]
dag (de)	ditë (f)	[dítǝ]
werkdag (de)	ditë pune (f)	[dítǝ púnɛ]
feestdag (de)	festë kombëtare (f)	[féstǝ kombǝtárɛ]
verlofdag (de)	ditë pushim (m)	[dítǝ puʃím]
weekend (het)	fundjavë (f)	[fundjávǝ]
de hele dag (bw)	gjithë ditën	[ɟíθǝ dítǝn]
de volgende dag (bw)	ditën pasardhëse	[dítǝn pasárðǝsɛ]
twee dagen geleden	dy ditë më parë	[dy dítǝ mǝ párǝ]
aan de vooravond (bw)	një ditë më parë	[ɲǝ dítǝ mǝ párǝ]
dag-, dagelijks (bn)	ditor	[ditór]
elke dag (bw)	çdo ditë	[tʃdo dítǝ]
week (de)	javë (f)	[jávǝ]
vorige week (bw)	javën e kaluar	[jávǝn ɛ kalúar]
volgende week (bw)	javën e ardhshme	[jávǝn ɛ árðʃmɛ]
wekelijks (bn)	javor	[javór]
elke week (bw)	çdo javë	[tʃdo jávǝ]
twee keer per week	dy herë në javë	[dy hérǝ nǝ jávǝ]
elke dinsdag	çdo të martë	[tʃdo tǝ mártǝ]

18. Uren. Dag en nacht

morgen (de)	mëngjes (m)	[mǝɲɟés]
's morgens (bw)	në mëngjes	[nǝ mǝɲɟés]
middag (de)	mesditë (f)	[mɛsdítǝ]
's middags (bw)	pasdite	[pasdítɛ]
avond (de)	mbrëmje (f)	[mbrémjɛ]
's avonds (bw)	në mbrëmje	[nǝ mbrémjɛ]

nacht (de)	natë (f)	[nátə]
's nachts (bw)	natën	[nátən]
middernacht (de)	mesnatë (f)	[mɛsnátə]

seconde (de)	sekondë (f)	[sɛkóndə]
minuut (de)	minutë (f)	[minútə]
uur (het)	orë (f)	[órə]
halfuur (het)	gjysmë ore (f)	[ɟýsmə órɛ]
kwartier (het)	çerek ore (m)	[tʃɛrék órɛ]
vijftien minuten	pesëmbëdhjetë minuta	[pɛsəmbəðjétə minúta]
etmaal (het)	24 orë	[ɲəzét ɛ kátər órə]

zonsopgang (de)	agim (m)	[agím]
dageraad (de)	agim (m)	[agím]
vroege morgen (de)	mëngjes herët (m)	[məɲɟés hérət]
zonsondergang (de)	perëndim dielli (m)	[pɛrəndím diéti]

's morgens vroeg (bw)	herët në mëngjes	[hérət nə məɲɟés]
vanmorgen (bw)	sot në mëngjes	[sot nə məɲɟés]
morgenochtend (bw)	nesër në mëngjes	[nésər nə məɲɟés]

vanmiddag (bw)	sot pasdite	[sot pasdítɛ]
's middags (bw)	pasdite	[pasdítɛ]
morgenmiddag (bw)	nesër pasdite	[nésər pasdítɛ]

| vanavond (bw) | sonte në mbrëmje | [sóntɛ nə mbrəmjɛ] |
| morgenavond (bw) | nesër në mbrëmje | [nésər nə mbrémjɛ] |

klokslag drie uur	në orën 3 fiks	[nə órən trɛ fiks]
ongeveer vier uur	rreth orës 4	[rɛθ órəs kátər]
tegen twaalf uur	deri në orën 12	[déri nə órən dymbəðjétə]

over twintig minuten	për 20 minuta	[pər ɲəzét minúta]
over een uur	për një orë	[pər ɲə órə]
op tijd (bw)	në orar	[nə orár]

kwart voor …	çerek …	[tʃɛrék …]
binnen een uur	brenda një ore	[brénda ɲə órɛ]
elk kwartier	çdo 15 minuta	[tʃdo pɛsəmbəðjétə minúta]
de klok rond	gjithë ditën	[ɟíθə dítən]

19. Maanden. Seizoenen

januari (de)	Janar (m)	[janár]
februari (de)	Shkurt (m)	[ʃkurt]
maart (de)	Mars (m)	[mars]
april (de)	Prill (m)	[priɫ]
mei (de)	Maj (m)	[maj]
juni (de)	Qershor (m)	[cɛrʃór]

juli (de)	Korrik (m)	[korík]
augustus (de)	Gusht (m)	[guʃt]
september (de)	Shtator (m)	[ʃtatór]
oktober (de)	Tetor (m)	[tɛtór]

november (de)	**Nëntor** (m)	[nəntór]
december (de)	**Dhjetor** (m)	[ðjɛtór]
lente (de)	**pranverë** (f)	[pranvérə]
in de lente (bw)	**në pranverë**	[nə pranvérə]
lente- (abn)	**pranveror**	[pranvɛrór]
zomer (de)	**verë** (f)	[vérə]
in de zomer (bw)	**në verë**	[nə vérə]
zomer-, zomers (bn)	**veror**	[vɛrór]
herfst (de)	**vjeshtë** (f)	[vjéʃtə]
in de herfst (bw)	**në vjeshtë**	[nə vjéʃtə]
herfst- (abn)	**vjeshtor**	[vjéʃtor]
winter (de)	**dimër** (m)	[dímər]
in de winter (bw)	**në dimër**	[nə dímər]
winter- (abn)	**dimëror**	[dimərór]
maand (de)	**muaj** (m)	[múaj]
deze maand (bw)	**këtë muaj**	[kətə múaj]
volgende maand (bw)	**muajin tjetër**	[múajin tjétər]
vorige maand (bw)	**muajin e kaluar**	[múajin ɛ kalúar]
een maand geleden (bw)	**para një muaji**	[pára ɲə múaji]
over een maand (bw)	**pas një muaji**	[pas ɲə múaji]
over twee maanden (bw)	**pas dy muajsh**	[pas dy múajʃ]
de hele maand (bw)	**gjithë muajin**	[ɉíθə múajin]
een volle maand (bw)	**gjatë gjithë muajit**	[ɉátə ɉíθə múajit]
maand-, maandelijks (bn)	**mujor**	[mujór]
maandelijks (bw)	**mujor**	[mujór]
elke maand (bw)	**çdo muaj**	[tʃdo múaj]
twee keer per maand	**dy herë në muaj**	[dy hérə nə múaj]
jaar (het)	**vit** (m)	[vit]
dit jaar (bw)	**këtë vit**	[kətə vít]
volgend jaar (bw)	**vitin tjetër**	[vítin tjétər]
vorig jaar (bw)	**vitin e kaluar**	[vítin ɛ kalúar]
een jaar geleden (bw)	**para një viti**	[pára ɲə víti]
over een jaar	**për një vit**	[pər ɲə vit]
over twee jaar	**për dy vite**	[pər dy vítɛ]
het hele jaar	**gjithë vitin**	[ɉíθə vítin]
een vol jaar	**gjatë gjithë vitit**	[ɉátə ɉíθə vítit]
elk jaar	**çdo vit**	[tʃdo vít]
jaar-, jaarlijks (bn)	**vjetor**	[vjɛtór]
jaarlijks (bw)	**çdo vit**	[tʃdo vít]
4 keer per jaar	**4 herë në vit**	[kátər hérə nə vit]
datum (de)	**datë** (f)	[dátə]
datum (de)	**data** (f)	[dáta]
kalender (de)	**kalendar** (m)	[kalɛndár]
een half jaar	**gjysmë viti**	[ɉýsme víti]
zes maanden	**gjashtë muaj**	[ɉáʃtə múaj]

| seizoen (bijv. lente, zomer) | **stinë** (f) | [stínə] |
| eeuw (de) | **shekull** (m) | [ʃékuɫ] |

REIZEN. HOTEL

20. Trip, Reizen

toerisme (het)	turizëm (m)	[turízəm]
toerist (de)	turist (m)	[turíst]
reis (de)	udhëtim (m)	[uðətím]
avontuur (het)	aventurë (f)	[avɛntúrə]
tocht (de)	udhëtim (m)	[uðətím]
vakantie (de)	pushim (m)	[puʃím]
met vakantie zijn	jam me pushime	[jam mɛ puʃímɛ]
rust (de)	pushim (m)	[puʃím]
trein (de)	tren (m)	[trɛn]
met de trein	me tren	[mɛ trén]
vliegtuig (het)	avion (m)	[avión]
met het vliegtuig	me avion	[mɛ avión]
met de auto	me makinë	[mɛ makínə]
per schip (bw)	me anije	[mɛ aníjɛ]
bagage (de)	bagazh (m)	[bagáʒ]
valies (de)	valixhe (f)	[valídʒɛ]
bagagekarretje (het)	karrocë bagazhesh (f)	[karótsə bagáʒɛʃ]
paspoort (het)	pasaportë (f)	[pasapórtə]
visum (het)	vizë (f)	[vízə]
kaartje (het)	biletë (f)	[bilétə]
vliegticket (het)	biletë avioni (f)	[bilétə avióni]
reisgids (de)	guidë turistike (f)	[guídə turistíkɛ]
kaart (de)	hartë (f)	[hártə]
gebied (landelijk ~)	zonë (f)	[zónə]
plaats (de)	vend (m)	[vɛnd]
exotische bestemming (de)	ekzotikë (f)	[ɛkzotíkə]
exotisch (bn)	ekzotik	[ɛkzotík]
verwonderlijk (bn)	mahnitëse	[mahnítəsɛ]
groep (de)	grup (m)	[grup]
rondleiding (de)	ekskursion (m)	[ɛkskursión]
gids (de)	udhërrëfyes (m)	[uðərəfýɛs]

21. Hotel

motel (het)	motel (m)	[motél]
3-sterren	me tre yje	[mɛ trɛ ýjɛ]
5-sterren	me pesë yje	[mɛ pésə ýjɛ]

overnachten (ww)	qëndroj	[cəndrój]
kamer (de)	dhomë (f)	[ðómə]
eenpersoonskamer (de)	dhomë teke (f)	[ðómə tékɛ]
tweepersoonskamer (de)	dhomë dyshe (f)	[ðómə dýʃɛ]
een kamer reserveren	rezervoj një dhomë	[rɛzɛrvój ɲə ðómə]

halfpension (het)	gjysmë-pension (m)	[ɟýsmə-pɛnsión]
volpension (het)	pension i plotë (m)	[pɛnsión i plótə]

met badkamer	me banjo	[mɛ báɲo]
met douche	me dush	[mɛ dúʃ]
satelliet-tv (de)	televizor satelitor (m)	[tɛlɛvizór satɛlitór]
airconditioner (de)	kondicioner (m)	[konditsionér]
handdoek (de)	peshqir (m)	[pɛʃcír]
sleutel (de)	çelës (m)	[tʃéləs]

administrateur (de)	administrator (m)	[administratór]
kamermeisje (het)	pastruese (f)	[pastrúɛsɛ]
piccolo (de)	portier (m)	[portiér]
portier (de)	portier (m)	[portiér]

restaurant (het)	restorant (m)	[rɛstoránt]
bar (de)	pab (m), pijetore (f)	[pab], [pijɛtórɛ]
ontbijt (het)	mëngjes (m)	[mənɟés]
avondeten (het)	darkë (f)	[dárkə]
buffet (het)	bufe (f)	[bufé]

hal (de)	holl (m)	[hoɫ]
lift (de)	ashensor (m)	[aʃɛnsór]

NIET STOREN	MOS SHQETËSONI	[mos ʃcɛtəsoni]
VERBODEN TE ROKEN!	NDALOHET DUHANI	[ndalóhɛt duháni]

22. Bezienswaardigheden

monument (het)	monument (m)	[monumént]
vesting (de)	kala (f)	[kalá]
paleis (het)	pallat (m)	[paɫát]
kasteel (het)	kështjellë (f)	[kəʃtjétə]
toren (de)	kullë (f)	[kútə]
mausoleum (het)	mauzoleum (m)	[mauzolɛúm]

architectuur (de)	arkitekturë (f)	[arkitɛktúrə]
middeleeuws (bn)	mesjetare	[mɛsjɛtárɛ]
oud (bn)	e lashtë	[ɛ láʃtə]
nationaal (bn)	kombëtare	[kombətárɛ]
bekend (bn)	i famshëm	[i fámʃəm]

toerist (de)	turist (m)	[turíst]
gids (de)	udhërrëfyes (m)	[uðərəfýɛs]
rondleiding (de)	ekskursion (m)	[ɛkskursión]
tonen (ww)	tregoj	[trɛgój]
vertellen (ww)	dëftoj	[dəftój]
vinden (ww)	gjej	[ɟéj]

verdwalen (de weg kwijt zijn)	**humbas**	[humbás]
plattegrond (~ van de metro)	**hartë** (f)	[hártə]
plattegrond (~ van de stad)	**hartë** (f)	[hártə]

souvenir (het)	**suvenir** (m)	[suvɛnír]
souvenirwinkel (de)	**dyqan dhuratash** (m)	[dycán ðurátaʃ]
foto's maken	**bëj foto**	[bəj fóto]
zich laten fotograferen	**bëj fotografi**	[bəj fotografí]

VERVOER

23. Vliegveld

luchthaven (de)	aeroport (m)	[aɛropórt]
vliegtuig (het)	avion (m)	[avión]
luchtvaartmaatschappij (de)	kompani ajrore (f)	[kɔmpaní ajrórɛ]
luchtverkeersleider (de)	kontroll i trafikut ajror (m)	[kontróɫ i trafíkut ajrór]

vertrek (het)	nisje (f)	[nísjɛ]
aankomst (de)	arritje (f)	[arítjɛ]
aankomen (per vliegtuig)	arrij me avion	[aríj mɛ avión]

vertrektijd (de)	nisja (f)	[nísja]
aankomstuur (het)	arritja (f)	[arítja]

vertraagd zijn (ww)	vonesë	[vonésə]
vluchtvertraging (de)	vonesë avioni (f)	[vonésə avióni]

informatiebord (het)	ekrani i informacioneve (m)	[ɛkráni i informatsiónɛvɛ]
informatie (de)	informacion (m)	[informatsión]
aankondigen (ww)	njoftoj	[ɲoftój]
vlucht (bijv. KLM ~)	fluturim (m)	[fluturím]

douane (de)	doganë (f)	[dogánə]
douanier (de)	doganier (m)	[doganiér]

douaneaangifte (de)	deklarim doganor (m)	[dɛklarím doganór]
invullen (douaneaangifte ~)	plotësoj	[plotəsój]
een douaneaangifte invullen	plotësoj deklaratën	[plotəsój dɛklarátən]
paspoortcontrole (de)	kontroll pasaportash (m)	[kontróɫ pasapórtaʃ]

bagage (de)	bagazh (m)	[bagáʒ]
handbagage (de)	bagazh dore (m)	[bagáʒ dórɛ]
bagagekarretje (het)	karrocë bagazhesh (f)	[karótsə bagáʒɛʃ]

landing (de)	aterrim (m)	[atɛrím]
landingsbaan (de)	pistë aterrimi (f)	[pístə atɛrími]
landen (ww)	aterroj	[atɛrój]
vliegtuigtrap (de)	shkallë avioni (f)	[ʃkáɫə avióni]

inchecken (het)	regjistrim (m)	[rɛɟistrím]
incheckbalie (de)	sportel regjistrimi (m)	[sportél rɛɟistrími]
inchecken (ww)	regjistrohem	[rɛɟistróhɛm]
instapkaart (de)	biletë e hyrjes (f)	[bilétə ɛ hýrjɛs]
gate (de)	porta e nisjes (f)	[pórta ɛ nísjɛs]

transit (de)	transit (m)	[transít]
wachten (ww)	pres	[prɛs]
wachtzaal (de)	salla e nisjes (f)	[sáɫa ɛ nísjɛs]

| begeleiden (uitwuiven) | përcjell | [pərtsjéɫ] |
| afscheid nemen (ww) | përshëndetem | [pərʃəndétɛm] |

24. Vliegtuig

vliegtuig (het)	avion (m)	[avión]
vliegticket (het)	biletë avioni (f)	[bilétə avióni]
luchtvaartmaatschappij (de)	kompani ajrore (f)	[kompaní ajrórɛ]
luchthaven (de)	aeroport (m)	[aɛropórt]
supersonisch (bn)	supersonik	[supɛrsoník]

gezagvoerder (de)	kapiten (m)	[kapitén]
bemanning (de)	ekip (m)	[ɛkíp]
piloot (de)	pilot (m)	[pilót]
stewardess (de)	stjuardesë (f)	[stjuardésə]
stuurman (de)	navigues (m)	[navigúɛs]

vleugels (mv.)	krahë (pl)	[kráhə]
staart (de)	bisht (m)	[biʃt]
cabine (de)	kabinë (f)	[kabínə]
motor (de)	motor (m)	[motór]
landingsgestel (het)	karrel (m)	[karél]
turbine (de)	turbinë (f)	[turbínə]
propeller (de)	helikë (f)	[hɛlíkə]
zwarte doos (de)	kuti e zezë (f)	[kutí ɛ zézə]
stuur (het)	timon (m)	[timón]
brandstof (de)	karburant (m)	[karburánt]

veiligheidskaart (de)	udhëzime sigurie (pl)	[uðəzímɛ siguríɛ]
zuurstofmasker (het)	maskë oksigjeni (f)	[máskə oksiɟéni]
uniform (het)	uniformë (f)	[unifórmə]
reddingsvest (de)	jelek shpëtimi (m)	[jɛlék ʃpetími]
parachute (de)	parashutë (f)	[paraʃútə]
opstijgen (het)	ngritje (f)	[ɲrítjɛ]
opstijgen (ww)	fluturon	[fluturón]
startbaan (de)	pista e fluturimit (f)	[písta ɛ fluturímit]

zicht (het)	shikueshmëri (f)	[ʃikuɛʃmərí]
vlucht (de)	fluturim (m)	[fluturím]
hoogte (de)	lartësi (f)	[lartəsí]
luchtzak (de)	xhep ajri (m)	[dʒɛp ájri]

plaats (de)	karrige (f)	[karígɛ]
koptelefoon (de)	kufje (f)	[kúfjɛ]
tafeltje (het)	tabaka (f)	[tabaká]
venster (het)	dritare avioni (f)	[dritárɛ avióni]
gangpad (het)	korridor (m)	[koridór]

25. Trein

| trein (de) | tren (m) | [trɛn] |
| elektrische trein (de) | tren elektrik (m) | [trɛn ɛlɛktrík] |

sneltrein (de)	tren ekspres (m)	[trɛn ɛksprés]
diesellocomotief (de)	lokomotivë me naftë (f)	[lokomótivə mɛ náftə]
stoomlocomotief (de)	lokomotivë me avull (f)	[lokomótivə mɛ ávuɫ]
rijtuig (het)	vagon (m)	[vagón]
restauratierijtuig (het)	vagon restorant (m)	[vagón rɛstoránt]
rails (mv.)	shina (pl)	[ʃína]
spoorweg (de)	hekurudhë (f)	[hɛkurúðə]
dwarsligger (de)	traversë (f)	[travérsə]
perron (het)	platformë (f)	[platfórmə]
spoor (het)	binar (m)	[binár]
semafoor (de)	semafor (m)	[sɛmafór]
halte (bijv. kleine treinhalte)	stacion (m)	[statsión]
machinist (de)	makinist (m)	[makiníst]
kruier (de)	portier (m)	[portiér]
conducteur (de)	konduktor (m)	[konduktór]
passagier (de)	pasagjer (m)	[pasaɟér]
controleur (de)	konduktor (m)	[konduktór]
gang (in een trein)	korridor (m)	[koridór]
noodrem (de)	frena urgjence (f)	[fréna urɟéntsɛ]
coupé (de)	ndarje (f)	[ndárjɛ]
bed (slaapplaats)	kat (m)	[kat]
bovenste bed (het)	kati i sipërm (m)	[káti i sípərm]
onderste bed (het)	kati i poshtëm (m)	[káti i póʃtəm]
beddengoed (het)	shtroje shtrati (pl)	[ʃtrójɛ ʃtráti]
kaartje (het)	biletë (f)	[bilétə]
dienstregeling (de)	orar (m)	[orár]
informatiebord (het)	tabelë e informatave (f)	[tabélə ɛ informátavɛ]
vertrekken	niset	[nísɛt]
(De trein vertrekt ...)		
vertrek (ov. een trein)	nisje (f)	[nísjɛ]
aankomen (ov. de treinen)	arrij	[aríj]
aankomst (de)	arritje (f)	[arítjɛ]
aankomen per trein	arrij me tren	[aríj mɛ trɛn]
in de trein stappen	hip në tren	[hip nə trén]
uit de trein stappen	zbres nga treni	[zbrɛs ŋa tréni]
treinwrak (het)	aksident hekurudhor (m)	[aksidént hɛkuruðór]
ontspoord zijn	del nga shinat	[dɛl ŋa ʃínat]
stoomlocomotief (de)	lokomotivë me avull (f)	[lokomótivə mɛ ávuɫ]
stoker (de)	mbikëqyrës i zjarrit (m)	[mbikəcýrəs i zjárit]
stookplaats (de)	furrë (f)	[fúrə]
steenkool (de)	qymyr (m)	[cymýr]

26. Schip

schip (het)	anije (f)	[aníjɛ]
vaartuig (het)	mjet lundrues (m)	[mjét lundrúɛs]
stoomboot (de)	anije me avull (f)	[aníjɛ mɛ ávuɫ]
motorschip (het)	anije lumi (f)	[ɐníjɾ lúmi]
lijnschip (het)	krotslerë (f)	[krotsiérə]
kruiser (de)	anije luftarake (f)	[aníjɛ luftarákɛ]
jacht (het)	jaht (m)	[jáht]
sleepboot (de)	anije rimorkiuese (f)	[aníjɛ rimorkiúɛsɛ]
duwbak (de)	anije transportuese (f)	[aníjɛ transportúɛsɛ]
ferryboot (de)	traget (m)	[tragét]
zeilboot (de)	anije me vela (f)	[aníjɛ mɛ véla]
brigantijn (de)	brigantinë (f)	[brigantínə]
ijsbreker (de)	akullthyese (f)	[akuɫθýɛsɛ]
duikboot (de)	nëndetëse (f)	[nəndétəsɛ]
boot (de)	barkë (f)	[bárkə]
sloep (de)	gomone (f)	[gomónɛ]
reddingssloep (de)	varkë shpëtimi (f)	[várkə ʃpətími]
motorboot (de)	skaf (m)	[skaf]
kapitein (de)	kapiten (m)	[kapitén]
zeeman (de)	marinar (m)	[marinár]
matroos (de)	marinar (m)	[marinár]
bemanning (de)	ekip (m)	[ɛkíp]
bootsman (de)	kryemarinar (m)	[kryɛmarinár]
scheepsjongen (de)	djali i anijes (m)	[djáli i aníjɛs]
kok (de)	kuzhinier (m)	[kuʒiniér]
scheepsarts (de)	doktori i anijes (m)	[doktóri i aníjɛs]
dek (het)	kuverta (f)	[kuvérta]
mast (de)	direk (m)	[dirék]
zeil (het)	vela (f)	[véla]
ruim (het)	bagazh (m)	[bagáʒ]
voorsteven (de)	harku sipëror (m)	[hárku sipərór]
achtersteven (de)	pjesa e pasme (f)	[pjésa ɛ pásmɛ]
roeispaan (de)	rrem (m)	[rɛm]
schroef (de)	helikë (f)	[hɛlíkə]
kajuit (de)	kabinë (f)	[kabínə]
officierskamer (de)	zyrë e oficerëve (m)	[zýrə ɛ ofitsérəvɛ]
machinekamer (de)	salla e motorit (m)	[sáɫa ɛ motórit]
brug (de)	urë komanduese (f)	[úrə komandúɛsɛ]
radiokamer (de)	kabina radiotelegrafike (f)	[kabína radiotɛlɛgrafíkɛ]
radiogolf (de)	valë (f)	[válə]
logboek (het)	libri i shënimeve (m)	[líbri i ʃənímɛvɛ]
verrekijker (de)	dylbi (f)	[dylbí]
klok (de)	këmbanë (f)	[kəmbánə]

vlag (de)	**flamur** (m)	[flamúr]
kabel (de)	**pallamar** (m)	[paɫamár]
knoop (de)	**nyjë** (f)	[nýjə]

leuning (de)	**parmakë** (pl)	[parmákə]
trap (de)	**shkallë** (f)	[ʃkáɫə]

anker (het)	**spirancë** (f)	[spirántsə]
het anker lichten	**ngre spirancën**	[ŋré spirántsən]
het anker neerlaten	**hedh spirancën**	[hɛð spirántsən]
ankerketting (de)	**zinxhir i spirancës** (m)	[zindʒír i spirántsəs]

haven (bijv. containerhaven)	**port** (m)	[port]
kaai (de)	**skelë** (f)	[skélə]
aanleggen (ww)	**ankoroj**	[ankorój]
wegvaren (ww)	**niset**	[nísɛt]

reis (de)	**udhëtim** (m)	[uðətím]
cruise (de)	**udhëtim me krocierë** (f)	[uðətím mɛ krotsiérə]
koers (de)	**kursi i udhëtimit** (m)	[kúrsi i uðətímit]
route (de)	**itinerar** (m)	[itinɛrár]

vaarwater (het)	**ujëra të lundrueshme** (f)	[újəra tə lundrúɛʃmɛ]
zandbank (de)	**cekëtinë** (f)	[tsɛkətínə]
stranden (ww)	**bllokohet në rërë**	[bɫokóhɛt nə rərə]

storm (de)	**stuhi** (f)	[stuhí]
signaal (het)	**sinjal** (m)	[siɲál]
zinken (ov. een boot)	**fundoset**	[fundósɛt]
Man overboord!	**Njeri në det!**	[ɲɛrí nə dɛt!]
SOS (noodsignaal)	**SOS** (m)	[sos]
reddingsboei (de)	**bovë shpëtuese** (f)	[bóvə ʃpətúɛsɛ]

STAD

27. Stedelijk vervoer

bus, autobus (de)	autobus (m)	[autobús]
tram (de)	tramvaj (m)	[tramváj]
trolleybus (de)	autobus tramvaj (m)	[autobús tramváj]
route (de)	itinerar (m)	[itinɛrár]
nummer (busnummer, enz.)	numër (m)	[númər]

rijden met ...	udhëtoj me ...	[uðətój mɛ ...]
stappen (in de bus ~)	hip	[hip]
afstappen (ww)	zbres ...	[zbrɛs ...]

halte (de)	stacion (m)	[statsión]
volgende halte (de)	stacioni tjetër (m)	[statsióni tjétər]
eindpunt (het)	terminal (m)	[tɛrminál]
dienstregeling (de)	orar (m)	[orár]
wachten (ww)	pres	[prɛs]

kaartje (het)	biletë (f)	[bilétə]
reiskosten (de)	çmim bilete (m)	[tʃmím bilétɛ]

kassier (de)	shitës biletash (m)	[ʃítəs bilétaʃ]
kaartcontrole (de)	kontroll biletash (m)	[kontróɫ bilétaʃ]
controleur (de)	kontrollues biletash (m)	[kontroɫúɛs bilétaʃ]

te laat zijn (ww)	vonohem	[vonóhɛm]
missen (de bus ~)	humbas	[humbás]
zich haasten (ww)	nxitoj	[ndzitój]

taxi (de)	taksi (m)	[táksi]
taxichauffeur (de)	shofer taksie (m)	[ʃofér taksíɛ]
met de taxi (bw)	me taksi	[mɛ táksi]
taxistandplaats (de)	stacion taksish (m)	[statsión táksiʃ]
een taxi bestellen	thërras taksi	[θərás táksi]
een taxi nemen	marr taksi	[mar táksi]

verkeer (het)	trafik (m)	[trafík]
file (de)	bllokim trafiku (m)	[bɫokím trafíku]
spitsuur (het)	orë e trafikut të rëndë (f)	[órə ɛ trafíkut tə rəndə]
parkeren (on.ww.)	parkoj	[parkój]
parkeren (ov.ww.)	parkim	[parkím]
parking (de)	parking (m)	[parkíŋ]

metro (de)	metro (f)	[mɛtró]
halte (bijv. kleine treinhalte)	stacion (m)	[statsión]
de metro nemen	shkoj me metro	[ʃkoj mɛ métro]
trein (de)	tren (m)	[trɛn]
station (treinstation)	stacion treni (m)	[statsión tréni]

28. Stad. Het leven in de stad

stad (de)	qytet (m)	[cytét]
hoofdstad (de)	kryeqytet (m)	[kryεcytét]
dorp (het)	fshat (m)	[ffát]

plattegrond (de)	hartë e qytetit (f)	[hártə ε cytétit]
centrum (ov. een stad)	qendër e qytetit (f)	[céndər ε cytétit]
voorstad (de)	periferi (f)	[pεrifεrí]
voorstads- (abn)	periferik	[pεrifεrík]

randgemeente (de)	periferia (f)	[pεrifεría]
omgeving (de)	periferia (f)	[pεrifεría]
blok (huizenblok)	bllok pallatesh (m)	[błók pałátεʃ]
woonwijk (de)	bllok banimi (m)	[błók baními]

verkeer (het)	trafik (m)	[trafík]
verkeerslicht (het)	semafor (m)	[sεmafór]
openbaar vervoer (het)	transport publik (m)	[transpórt publík]
kruispunt (het)	kryqëzim (m)	[krycəzím]

zebrapad (oversteekplaats)	kalim për këmbësorë (m)	[kalím pər kəmbəsórə]
onderdoorgang (de)	nënkalim për këmbësorë (m)	[nənkalím pər kəmbəsórə]
oversteken (de straat ~)	kapërcej	[kapərtséj]
voetganger (de)	këmbësor (m)	[kəmbəsór]
trottoir (het)	trotuar (m)	[trotuár]

brug (de)	urë (f)	[úrə]
dijk (de)	breg lumi (m)	[brεg lúmi]
fontein (de)	shatërvan (m)	[ʃatərván]

allee (de)	rrugëz (m)	[rúgəz]
park (het)	park (m)	[park]
boulevard (de)	bulevard (m)	[bulεvárd]
plein (het)	shesh (m)	[ʃεʃ]
laan (de)	bulevard (m)	[bulεvárd]
straat (de)	rrugë (f)	[rúgə]
zijstraat (de)	rrugë dytësore (f)	[rúgə dytəsórε]
doodlopende straat (de)	rrugë pa krye (f)	[rúgə pa krýε]

huis (het)	shtëpi (f)	[ʃtəpí]
gebouw (het)	ndërtesë (f)	[ndərtésə]
wolkenkrabber (de)	qiellgërvishtës (m)	[ciεłgərvíʃtəs]

gevel (de)	fasadë (f)	[fasádə]
dak (het)	çati (f)	[tʃatí]
venster (het)	dritare (f)	[dritárε]
boog (de)	hark (m)	[hárk]
pilaar (de)	kolonë (f)	[kolónə]
hoek (ov. een gebouw)	kënd (m)	[kénd]

vitrine (de)	vitrinë (f)	[vitrínə]
gevelreclame (de)	tabelë (f)	[tabélə]
affiche (de/het)	poster (m)	[postér]
reclameposter (de)	afishe reklamuese (f)	[afíʃε rεklamúεsε]

aanplakbord (het)	tabelë reklamash (f)	[tabélə rɛklámaʃ]
vuilnis (de/het)	plehra (f)	[pléhra]
vuilnisbak (de)	kosh plehrash (m)	[koʃ pléhraʃ]
afval weggooien (ww)	hedh mbeturina	[hɛð mbɛturína]
stortplaats (de)	deponi plehrash (f)	[dɛponí pléhraʃ]

telefooncel (de)	kabinë telefonike (f)	[kabínə tɛlɛfoníkɛ]
straatlicht (het)	shtyllë dritash (f)	[ʃtýłə drítaʃ]
bank (de)	stol (m)	[stol]

politieagent (de)	polic (m)	[políts]
politie (de)	polici (f)	[politsí]
zwerver (de)	lypës (m)	[lýpəs]
dakloze (de)	i pastrehë (m)	[i pastréhə]

29. Stedelijke instellingen

winkel (de)	dyqan (m)	[dycán]
apotheek (de)	farmaci (f)	[farmatsí]
optiek (de)	optikë (f)	[optíkə]
winkelcentrum (het)	qendër tregtare (f)	[céndər trɛgtárɛ]
supermarkt (de)	supermarket (m)	[supɛrmarkét]

bakkerij (de)	furrë (f)	[fúrə]
bakker (de)	furrtar (m)	[furtár]
banketbakkerij (de)	pastiçeri (f)	[pastitʃɛrí]
kruidenier (de)	dyqan ushqimor (m)	[dycán uʃcimór]
slagerij (de)	dyqan mishi (m)	[dycán míʃi]

groentewinkel (de)	dyqan fruta-perimesh (m)	[dycán frúta-pɛrímɛʃ]
markt (de)	treg (m)	[trɛg]

koffiehuis (het)	kafene (f)	[kafɛné]
restaurant (het)	restorant (m)	[rɛstoránt]
bar (de)	pab (m), pijetore (f)	[pab], [pijɛtórɛ]
pizzeria (de)	piceri (f)	[pitsɛrí]

kapperssalon (de/het)	parukeri (f)	[parukɛrí]
postkantoor (het)	zyrë postare (f)	[zýrə postárɛ]
stomerij (de)	pastrim kimik (m)	[pastrím kimík]
fotostudio (de)	studio fotografike (f)	[stúdio fotografíkɛ]

schoenwinkel (de)	dyqan këpucësh (m)	[dycán kəpútsəʃ]
boekhandel (de)	librari (f)	[librarí]
sportwinkel (de)	dyqan me mallra sportivë (m)	[dycán mɛ máłra sportívə]

kledingreparatie (de)	rrobaqepësi (f)	[robacɛpəsí]
kledingverhuur (de)	dyqan veshjesh me qira (m)	[dycán véʃjeʃ mɛ cirá]
videotheek (de)	dyqan videosh me qira (m)	[dycán vídɛoʃ mɛ cirá]

circus (de/het)	cirk (m)	[tsírk]
dierentuin (de)	kopsht zoologjik (m)	[kópʃt zooloɟík]
bioscoop (de)	kinema (f)	[kinɛmá]

museum (het)	**muze** (m)	[muzé]
bibliotheek (de)	**bibliotekë** (f)	[bibliotékə]

theater (het)	**teatër** (m)	[tɛátər]
opera (de)	**opera** (f)	[opéra]
nachtclub (de)	**klub nate** (m)	[klúb nátɛ]
casino (het)	**kazino** (f)	[kazíno]

moskee (de)	**xhami** (f)	[dʒamí]
synagoge (de)	**sinagogë** (f)	[sinagógə]
kathedraal (de)	**katedrale** (f)	[katɛdrálɛ]
tempel (de)	**tempull** (m)	[témpuɬ]
kerk (de)	**kishë** (f)	[kíʃə]

instituut (het)	**kolegj** (m)	[koléɟ]
universiteit (de)	**universitet** (m)	[univɛrsitét]
school (de)	**shkollë** (f)	[ʃkóɬə]

gemeentehuis (het)	**prefekturë** (f)	[prɛfɛktúrə]
stadhuis (het)	**bashki** (f)	[baʃkí]
hotel (het)	**hotel** (m)	[hotél]
bank (de)	**bankë** (f)	[bánkə]

ambassade (de)	**ambasadë** (f)	[ambasádə]
reisbureau (het)	**agjenci udhëtimesh** (f)	[aɟɛntsí uðətímɛʃ]
informatieloket (het)	**zyrë informacioni** (f)	[zýrə informatsióni]
wisselkantoor (het)	**këmbim valutor** (m)	[kəmbím valutór]

metro (de)	**metro** (f)	[mɛtró]
ziekenhuis (het)	**spital** (m)	[spitál]

benzinestation (het)	**pikë karburanti** (f)	[píkə karburánti]
parking (de)	**parking** (m)	[parkíŋ]

30. Dorden

gevelreclame (de)	**tabelë** (f)	[tabélə]
opschrift (het)	**njoftim** (m)	[ɲoftím]
poster (de)	**poster** (m)	[postér]
wegwijzer (de)	**tabelë drejtuese** (f)	[tabélə drɛjtúɛsɛ]
pijl (de)	**shigjetë** (f)	[ʃiɟétə]

waarschuwing (verwittiging)	**kujdes** (m)	[kujdés]
waarschuwingsbord (het)	**shenjë paralajmëruese** (f)	[ʃéɲə paralajmərúɛsɛ]
waarschuwen (ww)	**paralajmëroj**	[paralajmərój]

vrije dag (de)	**ditë pushimi** (f)	[dítə puʃími]
dienstregeling (de)	**orar** (m)	[orár]
openingsuren (mv.)	**orari i punës** (m)	[orári i púnəs]

WELKOM!	**MIRË SE VINI!**	[mírə sɛ víni!]
INGANG	**HYRJE**	[hýrjɛ]
UITGANG	**DALJE**	[dáljɛ]
DUWEN	**SHTY**	[ʃty]

TREKKEN	TËRHIQ	[tərhíc]
OPEN	HAPUR	[hápur]
GESLOTEN	MBYLLUR	[mbýɬur]

DAMES	GRA	[gra]
HEREN	BURRA	[búra]

KORTING	ZBRITJE	[zhrítjɛ]
UITVERKOOP	ULJE	[úljɛ]
NIEUW!	TË REJA!	[tə réja!]
GRATIS	FALAS	[fálas]

PAS OP!	KUJDES!	[kujdés!]
VOLGEBOEKT	NUK KA VENDE TË LIRA	[nuk ka véndɛ tə líra]
GERESERVEERD	E REZERVUAR	[ɛ rɛzɛrvúar]

ADMINISTRATIE	ADMINISTRATA	[administráta]
ALLEEN VOOR PERSONEEL	VETËM PËR STAFIN	[vétəm pər stáfin]

GEVAARLIJKE HOND	RUHUNI NGA QENI!	[rúhuni ŋa céni!]
VERBODEN TE ROKEN!	NDALOHET DUHANI	[ndalóhɛt duháni]
NIET AANRAKEN!	MOS PREK!	[mos prék!]

GEVAARLIJK	TË RREZIKSHME	[tə rɛzíkʃmɛ]
GEVAAR	RREZIK	[rɛzík]
HOOGSPANNING	TENSION I LARTË	[tɛnsión i lártə]
VERBODEN TE ZWEMMEN	NUK LEJOHET NOTI!	[nuk lɛjóhɛt nóti!]
BUITEN GEBRUIK	E PRISHUR	[ɛ príʃur]

ONTVLAMBAAR	LËNDË DJEGËSE	[ləndə djégəsɛ]
VERBODEN	E NDALUAR	[ɛ ndalúar]
DOORGANG VERBODEN	NDALOHET HYRJA	[ndalóhɛt hýrja]
OPGELET PAS GEVERFD	BOJË E FRESKËT	[bójə ɛ fréskət]

31. Winkelen

kopen (ww)	blej	[blɛj]
aankoop (de)	blerje (f)	[blérjɛ]
winkelen (ww)	shkoj për pazar	[ʃkoj pər pazár]
winkelen (het)	pazar (m)	[pazár]

open zijn (ov. een winkel, enz.)	hapur	[hápur]
gesloten zijn (ww)	mbyllur	[mbýɬur]

schoeisel (het)	këpucë (f)	[kəpútsə]
kleren (mv.)	veshje (f)	[véʃjɛ]
cosmetica (mv.)	kozmetikë (f)	[kozmɛtíkə]
voedingswaren (mv.)	mallra ushqimore (f)	[máɬra uʃcimórɛ]
geschenk (het)	dhuratë (f)	[ðurátə]

verkoper (de)	shitës (m)	[ʃítəs]
verkoopster (de)	shitëse (f)	[ʃítəsɛ]

kassa (de)	arkë (f)	[árkə]
spiegel (de)	pasqyrë (f)	[pascýrə]
toonbank (de)	banak (m)	[bának]
paskamer (de)	dhomë prove (f)	[ðómə próvɛ]

aanpassen (ww)	provoj	[provój]
passen (ov. kleren)	më rri mirë	[mə ri mírə]
bevallen (prettig vinden)	pëlqej	[pəlcéj]

prijs (de)	çmim (m)	[tʃmím]
prijskaartje (het)	etiketa e çmimit (f)	[ɛtikéta ɛ tʃmímit]
kosten (ww)	kushton	[kuʃtón]
Hoeveel?	Sa?	[sa?]
korting (de)	ulje (f)	[úljɛ]

niet duur (bn)	jo e shtrenjtë	[jo ɛ ʃtréɲtə]
goedkoop (bn)	e lirë	[ɛ lírə]
duur (bn)	i shtrenjtë	[i ʃtréɲtə]
Dat is duur.	Është e shtrenjtë	[éʃtə ɛ ʃtréɲtə]

verhuur (de)	qiramarrje (f)	[ciramárjɛ]
huren (smoking, enz.)	marr me qira	[mar mɛ cirá]
krediet (het)	kredit (m)	[krɛdít]
op krediet (bw)	me kredi	[mɛ krɛdí]

KLEDING EN ACCESSOIRES

32. Bovenkleding. Jassen

kleren (mv.)	rroba (f)	[róba]
bovenkleding (de)	veshje e sipërme (f)	[véʃʃɛ ɛ sípərmɛ]
winterkleding (de)	veshje dimri (f)	[véʃʃɛ dímri]
jas (de)	pallto (f)	[páɫto]
bontjas (de)	gëzof (m)	[gəzóf]
bontjasje (het)	xhaketë lëkure (f)	[dʒakétə ləkúrɛ]
donzen jas (de)	xhup (m)	[dʒup]
jasje (bijv. een leren ~)	xhaketë (f)	[dʒakétə]
regenjas (de)	pardesy (f)	[pardɛsý]
waterdicht (bn)	kundër shiut	[kúndər ʃiut]

33. Heren & dames kleding

overhemd (het)	këmishë (f)	[kəmíʃə]
broek (de)	pantallona (f)	[pantaɫóna]
jeans (de)	xhinse (f)	[dʒínsɛ]
colbert (de)	xhaketë kostumi (f)	[dʒakétə kostúmi]
kostuum (het)	kostum (m)	[kostúm]
jurk (de)	fustan (m)	[fustán]
rok (de)	fund (m)	[fund]
blouse (de)	bluzë (f)	[blúzə]
wollen vest (de)	xhaketë me thurje (f)	[dʒakétə mɛ θúrjɛ]
blazer (kort jasje)	xhaketë femrash (f)	[dʒakétə fémraʃ]
T-shirt (het)	bluzë (f)	[blúzə]
shorts (mv.)	pantallona të shkurtra (f)	[pantaɫóna tə ʃkúrtra]
trainingspak (het)	tuta sportive (f)	[túta sportívɛ]
badjas (de)	peshqir trupi (m)	[pɛʃcír trúpi]
pyjama (de)	pizhame (f)	[piʒámɛ]
sweater (de)	triko (f)	[tríko]
pullover (de)	pulovër (m)	[pulóvər]
gilet (het)	jelek (m)	[jɛlék]
rokkostuum (het)	frak (m)	[frak]
smoking (de)	smoking (m)	[smokíɲ]
uniform (het)	uniformë (f)	[unifórmə]
werkkleding (de)	rroba pune (f)	[róba púnɛ]
overall (de)	kominoshe (f)	[kominóʃɛ]
doktersjas (de)	uniformë (f)	[unifórmə]

34. Kleding. Ondergoed

ondergoed (het)	të brendshme (f)	[tə bréndʃmɛ]
herenslip (de)	boksera (f)	[bokséra]
slipjes (mv.)	brekë (f)	[brékə]
onderhemd (het)	fanellë (f)	[fanélə]
sokken (mv.)	çorape (pl)	[tʃorápɛ]

nachthemd (het)	këmishë nate (f)	[kəmíʃə nátɛ]
beha (de)	sytjena (f)	[sytjéna]
kniekousen (mv.)	çorape déri tek gjuri (pl)	[tʃorápɛ déri ték ɟúri]
panty (de)	geta (f)	[géta]
nylonkousen (mv.)	çorape të holla (pl)	[tʃorápɛ tə hóɫa]
badpak (het)	rrobë banje (f)	[róbə báɲɛ]

35. Hoofddeksels

hoed (de)	kapelë (f)	[kapélə]
deukhoed (de)	kapelë republike (f)	[kapélə rɛpublíkɛ]
honkbalpet (de)	kapelë bejsbolli (f)	[kapélə bɛjsbóɫi]
kleppet (de)	kapelë e sheshtë (f)	[kapélə ɛ ʃéʃtə]

baret (de)	beretë (f)	[bɛrétə]
kap (de)	kapuç (m)	[kapútʃ]
panamahoed (de)	kapelë panama (f)	[kapélə panamá]
gebreide muts (de)	kapuç leshi (m)	[kapútʃ léʃi]

hoofddoek (de)	shami (f)	[ʃamí]
dameshoed (de)	kapelë femrash (f)	[kapélə fémraʃ]

veiligheidshelm (de)	helmetë (f)	[hɛlmétə]
veldmuts (de)	kapelë ushtrie (f)	[kapélə uʃtríɛ]
helm, valhelm (de)	helmetë (f)	[hɛlmétə]

bolhoed (de)	kapelë derby (f)	[kapélə dérby]
hoge hoed (de)	kapelë cilindër (f)	[kapélə tsilíndər]

36. Schoeisel

schoeisel (het)	këpucë (pl)	[kəpútsə]
schoenen (mv.)	këpucë burrash (pl)	[kəpútsə búraʃ]
vrouwenschoenen (mv.)	këpucë grash (pl)	[kəpútsə gráʃ]
laarzen (mv.)	çizme (pl)	[tʃízmɛ]
pantoffels (mv.)	pantofla (pl)	[pantófla]

sportschoenen (mv.)	atlete tenisi (pl)	[atlétɛ tɛnísi]
sneakers (mv.)	atlete (pl)	[atlétɛ]
sandalen (mv.)	sandale (pl)	[sandálɛ]

schoenlapper (de)	këpucëtar (m)	[kəputsətár]
hiel (de)	takë (f)	[tákə]

paar (een ~ schoenen)	palë (f)	[pálə]
veter (de)	lidhëse këpucësh (f)	[líðəsɛ kəpútsəʃ]
rijgen (schoenen ~)	lidh këpucët	[lið kəpútsət]
schoenlepel (de)	lugë këpucësh (f)	[lúgə kəpútsəʃ]
schoensmeer (de/het)	bojë këpucësh (f)	[bójə kəpútsəʃ]

37. Persoonlijke accessoires

handschoenen (mv.)	dorëza (pl)	[dórəza]
wanten (mv.)	doreza (f)	[doréza]
sjaal (fleece ~)	shall (m)	[ʃał]

bril (de)	syze (f)	[sýzɛ]
brilmontuur (het)	skelet syzesh (m)	[skɛlét sýzɛʃ]
paraplu (de)	çadër (f)	[tʃádər]
wandelstok (de)	bastun (m)	[bastún]
haarborstel (de)	furçë flokësh (f)	[fúrtʃə flókəʃ]
waaier (de)	erashkë (f)	[ɛráʃkə]

das (de)	kravatë (f)	[kravátə]
strikje (het)	papion (m)	[papión]
bretels (mv.)	aski (pl)	[askí]
zakdoek (de)	shami (f)	[ʃamí]

kam (de)	krehër (m)	[kréhər]
haarspeldje (het)	kapëse flokësh (f)	[kápəsɛ flókəʃ]
schuifspeldje (het)	karficë (f)	[karfítsə]
gesp (de)	tokëz (f)	[tókəz]

broekriem (de)	rrip (m)	[rip]
draagriem (de)	rrip supi (m)	[rip súpi]

handtas (de)	çantë dore (f)	[tʃántə dórɛ]
damestas (de)	çantë (f)	[tʃántə]
rugzak (de)	çantë shpine (f)	[tʃántə ʃpínɛ]

38. Kleding. Diversen

mode (de)	modë (f)	[módə]
de mode (bn)	në modë	[nə módə]
kledingstilist (de)	stilist (m)	[stilíst]

kraag (de)	jakë (f)	[jákə]
zak (de)	xhep (m)	[dʒɛp]
zak- (abn)	i xhepit	[i dʒépit]
mouw (de)	mëngë (f)	[mə́ŋə]
lusje (het)	hallkë për varje (f)	[háłkə pər várjɛ]
gulp (de)	zinxhir (m)	[zindʒír]

rits (de)	zinxhir (m)	[zindʒír]
sluiting (de)	kapëse (f)	[kápəsɛ]
knoop (de)	kopsë (f)	[kópsə]

knoopsgat (het)	vrimë kopse (f)	[vrímə kópsɛ]
losraken (bijv. knopen)	këputet	[kəpútɛt]

naaien (kleren, enz.)	qep	[cɛp]
borduren (ww)	qëndis	[cəndís]
borduursel (het)	qëndisje (f)	[cəndísjɛ]
naald (de)	gjilpërë për qepje (f)	[ɟilpérə pər cépjɛ]
draad (de)	pe (m)	[pɛ]
naad (de)	tegel (m)	[tɛgél]

vies worden (ww)	bëhem pis	[béhɛm pis]
vlek (de)	njollë (f)	[ɲótə]
gekreukt raken (ov. kleren)	zhubros	[ʒubrós]
scheuren (ov.ww.)	gris	[gris]
mot (de)	molë rrobash (f)	[mólə róbaʃ]

39. Persoonlijke verzorging. Schoonheidsmiddelen

tandpasta (de)	pastë dhëmbësh (f)	[pástə ðémbəʃ]
tandenborstel (de)	furçë dhëmbësh (f)	[fúrtʃə ðémbəʃ]
tanden poetsen (ww)	laj dhëmbët	[laj ðémbət]

scheermes (het)	brisk (m)	[brísk]
scheerschuim (het)	pastë rroje (f)	[pástə rójɛ]
zich scheren (ww)	rruhem	[rúhɛm]

zeep (de)	sapun (m)	[sapún]
shampoo (de)	shampo (f)	[ʃampó]

schaar (de)	gërshërë (f)	[gərʃérə]
nagelvijl (de)	limë thonjsh (f)	[límə θóɲʃ]
nagelknipper (de)	prerëse thonjsh (f)	[prérəsɛ θóɲʃ]
pincet (het)	piskatore vetullash (f)	[piskatórɛ vétuɫaʃ]

cosmetica (mv.)	kozmetikë (f)	[kozmɛtíkə]
masker (het)	maskë fytyre (f)	[máskə fytýrɛ]
manicure (de)	manikyr (m)	[manikýr]
manicure doen	bëj manikyr	[bəj manikýr]
pedicure (de)	pedikyr (m)	[pɛdikýr]

cosmetica tasje (het)	çantë kozmetike (f)	[tʃántə kozmɛtíkɛ]
poeder (de/het)	pudër fytyre (f)	[púdər fytýrɛ]
poederdoos (de)	pudër kompakte (f)	[púdər kompáktɛ]
rouge (de)	ruzh (m)	[ruʒ]

parfum (de/het)	parfum (m)	[parfúm]
eau de toilet (de)	parfum (m)	[parfúm]
lotion (de)	krem (m)	[krɛm]
eau de cologne (de)	kolonjë (f)	[kolóɲə]

oogschaduw (de)	rimel (m)	[rimél]
oogpotlood (het)	laps për sy (m)	[láps pər sy]
mascara (de)	rimel (m)	[rimél]
lippenstift (de)	buzëkuq (m)	[buzəkúc]

nagellak (de)	llak për thonj (m)	[ɫak pər θóɲ]
haarlak (de)	llak flokësh (m)	[ɫak flókəʃ]
deodorant (de)	deodorant (m)	[dɛodoránt]

crème (de)	krem (m)	[krɛm]
gezichtscrème (de)	krem për fytyrë (m)	[krɛm pər fytýrə]
handcrème (de)	krem për duar (m)	[krɛm pər dúar]
antirimpelcrème (de)	krem kundër rrudhave (m)	[krɛm kúndər riʹɲavɛ]
dagcrème (de)	krem ulte (m)	[krɛm dítɛ]
nachtcrème (de)	krem nate (m)	[krɛm nátɛ]
dag- (abn)	dite	[dítɛ]
nacht- (abn)	nate	[nátɛ]

tampon (de)	tampon (m)	[tampón]
toiletpapier (het)	letër higjienike (f)	[létər hiʝɛníkɛ]
föhn (de)	tharëse flokësh (f)	[θárəsɛ flókəʃ]

40. Horloges. Klokken

polshorloge (het)	orë dore (f)	[órə dórɛ]
wijzerplaat (de)	faqe e orës (f)	[fácɛ ɛ órəs]
wijzer (de)	akrep (m)	[akrép]
metalen horlogeband (de)	rrip metalik ore (m)	[rip mɛtalík órɛ]
horlogebandje (het)	rrip ore (m)	[rip órɛ]

batterij (de)	bateri (f)	[batɛrí]
leeg zijn (ww)	e shkarkuar	[ɛ ʃkarkúar]
batterij vervangen	ndërroj baterinë	[ndərój batɛrínə]
voorlopen (ww)	kalon shpejt	[kalón ʃpéjt]
achterlopen (ww)	ngel prapa	[ŋɛl prápa]

wandklok (de)	orë muri (f)	[órə múri]
zandloper (de)	orë rëre (f)	[órə rərɛ]
zonnewijzer (de)	orë diellore (f)	[órə diɛɫórɛ]
wekker (de)	orë me zile (f)	[órə mɛ zílɛ]
horlogemaker (de)	orëndreqës (m)	[orəndrécəs]
repareren (ww)	ndreq	[ndréc]

ALLEDAAGSE ERVARING

41. Geld

geld (het)	para (f)	[pará]
ruil (de)	këmbim valutor (m)	[kəmbím valutór]
koers (de)	kurs këmbimi (m)	[kurs kəmbími]
geldautomaat (de)	bankomat (m)	[bankomát]
muntstuk (de)	monedhë (f)	[monéðə]
dollar (de)	dollar (m)	[doɫár]
euro (de)	euro (f)	[éuro]
lire (de)	lirë (f)	[lírə]
Duitse mark (de)	Marka gjermane (f)	[márka ɟɛrmánɛ]
frank (de)	franga (f)	[fráŋa]
pond sterling (het)	sterlina angleze (f)	[stɛrlína aŋlézɛ]
yen (de)	jen (m)	[jén]
schuld (geldbedrag)	borxh (m)	[bórdʒ]
schuldenaar (de)	debitor (m)	[dɛbitór]
uitlenen (ww)	jap hua	[jap huá]
lenen (geld ~)	marr hua	[mar huá]
bank (de)	bankë (f)	[bánkə]
bankrekening (de)	llogari (f)	[ɫogarí]
storten (ww)	depozitoj	[dɛpozitój]
op rekening storten	depozitoj në llogari	[dɛpozitój nə ɫogarí]
opnemen (ww)	tërheq	[tərhéc]
kredietkaart (de)	kartë krediti (f)	[kártə krɛdíti]
baar geld (het)	kesh (m)	[kɛʃ]
cheque (de)	çek (m)	[tʃɛk]
een cheque uitschrijven	lëshoj një çek	[ləʃój ɲə tʃék]
chequeboekje (het)	bllok çeqesh (m)	[bɫók tʃécɛʃ]
portefeuille (de)	portofol (m)	[portofól]
geldbeugel (de)	kuletë (f)	[kulétə]
safe (de)	kasafortë (f)	[kasafórtə]
erfgenaam (de)	trashëgimtar (m)	[traʃəgimtár]
erfenis (de)	trashëgimi (f)	[traʃəgimí]
fortuin (het)	pasuri (f)	[pasurí]
huur (de)	qira (f)	[cirá]
huurprijs (de)	qiraja (f)	[cirája]
huren (huis, kamer)	marr me qira	[mar mɛ cirá]
prijs (de)	çmim (m)	[tʃmím]
kostprijs (de)	kosto (f)	[kósto]

som (de)	shumë (f)	[ʃúmə]
uitgeven (geld besteden)	shpenzoj	[ʃpɛnzój]
kosten (mv.)	shpenzime (f)	[ʃpɛnzímɛ]
bezuinigen (ww)	kursej	[kurséj]
zuinig (bn)	ekonomik	[ɛkonomík]

betalen (ww)	paguaj	[pagúaj]
betaling (de)	pagesë (f)	[pagésə]
wisselgeld (het)	kuour (m)	[kusúr]

belasting (de)	taksë (f)	[táksə]
boete (de)	gjobë (f)	[ɟóbə]
beboeten (bekeuren)	vendos gjobë	[vɛndós ɟóbə]

42. Post. Postkantoor

postkantoor (het)	zyrë postare (f)	[zýrə postárɛ]
post (de)	postë (f)	[póstə]
postbode (de)	postier (m)	[postiér]
openingsuren (mv.)	orari i punës (m)	[orári i púnəs]

brief (de)	letër (f)	[létər]
aangetekende brief (de)	letër rekomande (f)	[létər rɛkomándɛ]
briefkaart (de)	kartolinë (f)	[kartolínə]
telegram (het)	telegram (m)	[tɛlɛgrám]
postpakket (het)	pako (f)	[páko]
overschrijving (de)	transfer parash (m)	[transfér paráʃ]

ontvangen (ww)	pranoj	[pranój]
sturen (zenden)	dërgoj	[dərgój]
verzending (de)	dërgesë (f)	[dərgésə]
adres (het)	adresë (f)	[adrésə]
postcode (de)	kodi postar (m)	[kódi postár]
verzender (de)	dërguesi (m)	[dərgúɛsi]
ontvanger (de)	pranues (m)	[pranúɛs]

naam (de)	emër (m)	[émər]
achternaam (de)	mbiemër (m)	[mbiémər]
tarief (het)	tarifë postare (f)	[tarífə postárɛ]
standaard (bn)	standard	[standárd]
zuinig (bn)	ekonomike	[ɛkonomíkɛ]

gewicht (het)	peshë (f)	[péʃə]
afwegen (op de weegschaal)	peshoj	[pɛʃój]
envelop (de)	zarf (m)	[zarf]
postzegel (de)	pullë postare (f)	[púɫə postárɛ]
een postzegel plakken op	vendos pullën postare	[vɛndós púɫən postárɛ]

43. Bankieren

bank (de)	bankë (f)	[bánkə]
bankfiliaal (het)	degë (f)	[dégə]

| bankbediende (de) | punonjës banke (m) | [punóɲəs bánkɛ] |
| manager (de) | drejtor (m) | [drɛjtór] |

bankrekening (de)	llogari bankare (f)	[ɫogarí bankárɛ]
rekeningnummer (het)	numër llogarie (m)	[númər ɫogaríɛ]
lopende rekening (de)	llogari rrjedhëse (f)	[ɫogarí rjéðəsɛ]
spaarrekening (de)	llogari kursimesh (f)	[ɫogarí kursímɛʃ]

een rekening openen	hap një llogari	[hap ɲə ɫogarí]
de rekening sluiten	mbyll një llogari	[mbýɫ ɲə ɫogarí]
op rekening storten	depozitoj në llogari	[dɛpozitój nə ɫogarí]
opnemen (ww)	tërheq	[tərhéc]

storting (de)	depozitë (f)	[dɛpozítə]
een storting maken	kryej një depozitim	[krýɛj ɲə dɛpozitím]
overschrijving (de)	transfer bankar (m)	[transfér bankár]
een overschrijving maken	transferoj para	[transfɛrój pará]

| som (de) | shumë (f) | [ʃúmə] |
| Hoeveel? | Sa? | [sa?] |

| handtekening (de) | nënshkrim (m) | [nənʃkrím] |
| ondertekenen (ww) | nënshkruaj | [nənʃkrúaj] |

kredietkaart (de)	kartë krediti (f)	[kártə krɛdíti]
code (de)	kodi PIN (m)	[kódi pin]
kredietkaartnummer (het)	numri i kartës së kreditit (m)	[númri i kártəs sə krɛdítit]
geldautomaat (de)	bankomat (m)	[bankomát]

cheque (de)	çok (m)	[tʃɛk]
een cheque uitschrijven	lëshoj një çek	[ləʃój ɲə tʃék]
chequeboekje (het)	bllok çeqesh (m)	[bɫók tʃécɛʃ]

lening, krediet (de)	kredi (f)	[krɛdí]
een lening aanvragen	aplikoj për kredi	[aplikój pər krɛdí]
een lening nemen	marr kredi	[mar krɛdí]
een lening verlenen	jap kredi	[jap krɛdí]
garantie (de)	garanci (f)	[garantsí]

44. Telefoon. Telefoongesprek

telefoon (de)	telefon (m)	[tɛlɛfón]
mobieltje (het)	celular (m)	[tsɛlulár]
antwoordapparaat (het)	sekretari telefonike (f)	[sɛkrɛtarí tɛlɛfoníkɛ]

| bellen (ww) | telefonoj | [tɛlɛfonój] |
| belletje (telefoontje) | telefonatë (f) | [tɛlɛfonátə] |

een nummer draaien	i bie numrit	[i bíɛ númrit]
Hallo!	Përshëndetje!	[pərʃəndétjɛ!]
vragen (ww)	pyes	[pýɛs]
antwoorden (ww)	përgjigjem	[pərɟíɟɛm]
horen (ww)	dëgjoj	[dəɟój]
goed (bw)	mirë	[mírə]

| slecht (bw) | jo mirë | [jo mírə] |
| storingen (mv.) | zhurmë (f) | [ʒúrmə] |

hoorn (de)	marrës (m)	[márəs]
opnemen (ww)	ngre telefonin	[ŋré tɛlɛfónin]
ophangen (ww)	mbyll telefonin	[mbýɫ tɛlɛfónin]

bezet (bn)	i zënë	[i zénə]
overgaan (ww)	bie zilja	[bíɛ zílja]
telefoonboek (het)	numerator telefonik (m)	[numɛratór tɛlɛfoník]

lokaal (bn)	lokale	[lokálɛ]
lokaal gesprek (het)	thirrje lokale (f)	[θírjɛ lokálɛ]
interlokaal (bn)	distancë e largët	[distántsə ɛ lárgət]
interlokaal gesprek (het)	thirrje në distancë (f)	[θírjɛ nə distántsə]
buitenlands (bn)	ndërkombëtar	[ndərkombətár]
buitenlands gesprek (het)	thirrje ndërkombëtare (f)	[θírjɛ ndərkombətárɛ]

45. Mobiele telefoon

mobieltje (het)	celular (m)	[tsɛlulár]
scherm (het)	ekran (m)	[ɛkrán]
toets, knop (de)	buton (m)	[butón]
simkaart (de)	karta SIM (m)	[kárta sim]

batterij (de)	bateri (f)	[batɛrí]
leeg zijn (ww)	e shkarkuar	[ɛ ʃkarkúar]
acculader (de)	karikues (m)	[karikúɛs]

menu (het)	menu (f)	[mɛnú]
instellingen (mv.)	parametra (f)	[paramétra]
melodie (beltoon)	melodi (f)	[mɛlodí]
selecteren (ww)	përzgjedh	[pərzɟéð]

rekenmachine (de)	makinë llogaritëse (f)	[makínə ɫogarítəsɛ]
voicemail (de)	postë zanore (f)	[póstə zanórɛ]
wekker (de)	alarm (m)	[alárm]
contacten (mv.)	kontakte (pl)	[kontáktɛ]

| SMS-bericht (het) | SMS (m) | [ɛsɛmɛs] |
| abonnee (de) | abonent (m) | [abonént] |

46. Schrijfbehoeften

| balpen (de) | stilolaps (m) | [stiloláps] |
| vulpen (de) | stilograf (m) | [stilográf] |

potlood (het)	laps (m)	[láps]
marker (de)	shënjues (m)	[ʃəɲúɛs]
viltstift (de)	tushë me bojë (f)	[túʃə mɛ bójə]
notitieboekje (het)	bllok shënimesh (m)	[bɫók ʃənímɛʃ]
agenda (boekje)	agjendë (f)	[aɟéndə]

liniaal (de/het)	**vizore** (f)	[vizóɾɛ]
rekenmachine (de)	**makinë llogaritëse** (f)	[makínə ɫogarítesɛ]
gom (de)	**gomë** (f)	[gómə]
punaise (de)	**pineskë** (f)	[pinéskə]
paperclip (de)	**kapëse fletësh** (f)	[kápəsɛ flétəʃ]

lijm (de)	**ngjitës** (m)	[nʝítəs]
nietmachine (de)	**ngjitës metalik** (m)	[nʝítəs mɛtalík]
perforator (de)	**hapës vrimash** (m)	[hápəs vrímaʃ]
potloodslijper (de)	**mprehëse lapsash** (m)	[mpréhəsɛ lápsaʃ]

47. Vreemde talen

taal (de)	**gjuhë** (f)	[ɟúhə]
vreemd (bn)	**huaj**	[húaj]
vreemde taal (de)	**gjuhë e huaj** (f)	[ɟúhə ɛ húaj]
leren (bijv. van buiten ~)	**studioj**	[studiój]
studeren (Nederlands ~)	**mësoj**	[məsój]

lezen (ww)	**lexoj**	[lɛdzój]
spreken (ww)	**flas**	[flas]
begrijpen (ww)	**kuptoj**	[kuptój]
schrijven (ww)	**shkruaj**	[ʃkrúaj]

snel (bw)	**shpejt**	[ʃpɛjt]
langzaam (bw)	**ngadalë**	[ŋadálə]
vloeiend (bw)	**rrjedhshëm**	[rjéðʃəm]

regels (mv.)	**rregullat** (pl)	[réguɫat]
grammatica (de)	**gramatikë** (f)	[gramatíkə]
vocabulaire (het)	**fjalor** (m)	[fjalór]
fonetiek (de)	**fonetikë** (f)	[fonɛtíkə]

leerboek (het)	**tekst mësimor** (m)	[tɛkst məsimór]
woordenboek (het)	**fjalor** (m)	[fjalór]
leerboek (het) voor zelfstudie	**libër i mësimit autodidakt** (m)	[líbər i məsímit autodidákt]
taalgids (de)	**libër frazeologjik** (m)	[líbər frazɛoloɟík]

cassette (de)	**kasetë** (f)	[kasétə]
videocassette (de)	**videokasetë** (f)	[vidɛokasétə]
CD (de)	**CD** (f)	[tsɛdé]
DVD (de)	**DVD** (m)	[dividí]

alfabet (het)	**alfabet** (m)	[alfabét]
spellen (ww)	**gërmëzoj**	[gərməzój]
uitspraak (de)	**shqiptim** (m)	[ʃciptím]

accent (het)	**aksent** (m)	[aksént]
met een accent (bw)	**me aksent**	[mɛ aksént]
zonder accent (bw)	**pa aksent**	[pa aksént]

woord (het)	**fjalë** (f)	[fjálə]
betekenis (de)	**kuptim** (m)	[kuptím]

cursus (de)	**kurs** (m)	[kurs]
zich inschrijven (ww)	**regjistrohem**	[rɛɟistróhɛm]
leraar (de)	**mësues** (m)	[məsúɛs]
vertaling (een ~ maken)	**përkthim** (m)	[pərkθím]
vertaling (tekst)	**përkthim** (m)	[pərkθím]
vertaler (de)	**përkthyes** (m)	[pərkθýɛs]
tolk (de)	**përkthyes** (m)	[pərkθýɛs]
polyglot (de)	**poliglot** (m)	[poliglót]
geheugen (het)	**kujtesë** (f)	[kujtésə]

MAALTIJDEN. RESTAURANT

48. Tafelschikking

lepel (de)	lugë (f)	[lúgə]
mes (het)	thikë (f)	[θíkə]
vork (de)	pirun (m)	[pirún]
kopje (het)	filxhan (m)	[fildʒán]
bord (het)	pjatë (f)	[pjátə]
schoteltje (het)	pjatë filxhani (f)	[pjátə fildʒáni]
servet (het)	pecetë (f)	[pɛtsétə]
tandenstoker (de)	kruajtëse dhëmbësh (f)	[krúajtəsɛ ðémbəʃ]

49. Restaurant

restaurant (het)	restorant (m)	[rɛstoránt]
koffiehuis (het)	kafene (f)	[kafɛné]
bar (de)	pab (m), pijetore (f)	[pab], [pijɛtórɛ]
tearoom (de)	çajtore (f)	[tʃajtórɛ]
kelner, ober (de)	kamerier (m)	[kamɛriér]
serveerster (de)	kameriere (f)	[kamɛriérɛ]
barman (de)	banakier (m)	[banakiér]
menu (het)	menu (f)	[mɛnú]
wijnkaart (de)	menu verërash (f)	[mɛnú vérəraʃ]
een tafel reserveren	rezervoj një tavolinë	[rɛzɛrvój ɲə tavolínə]
gerecht (het)	pjatë (f)	[pjátə]
bestellen (eten ~)	porosis	[porosís]
een bestelling maken	bëj porosinë	[bəj porosínə]
aperitief (de/het)	aperitiv (m)	[apɛritív]
voorgerecht (het)	antipastë (f)	[antipástə]
dessert (het)	ëmbëlsirë (f)	[əmbəlsírə]
rekening (de)	faturë (f)	[fatúrə]
de rekening betalen	paguaj faturën	[pagúaj fatúrən]
wisselgeld teruggeven	jap kusur	[jap kusúr]
fooi (de)	bakshish (m)	[bakʃíʃ]

50. Maaltijden

eten (het)	ushqim (m)	[uʃcím]
eten (ww)	ha	[ha]

ontbijt (het)	mëngjes (m)	[mənɟés]
ontbijten (ww)	ha mëngjes	[ha mənɟés]
lunch (de)	drekë (f)	[drékə]
lunchen (ww)	ha drekë	[ha drékə]
avondeten (het)	darkë (f)	[dárkə]
souperen (ww)	ha darkë	[ha dárkə]

eetlust (de)	oreks (m)	[oréks]
Eet smakelijk!	Të bëftë mirë!	[tə bəftə mírə!]

openen (een fles ~)	hap	[hap]
morsen (koffie, enz.)	derdh	[dérð]
zijn gemorst	derdhje	[dérðjɛ]

koken (water kookt bij 100°C)	ziej	[zíɛj]
koken (Hoe om water te ~)	ziej	[zíɛj]
gekookt (~ water)	i zier	[i zíɛr]
afkoelen (koeler maken)	ftoh	[ftoh]
afkoelen (koeler worden)	ftohje	[ftóhjɛ]

smaak (de)	shije (f)	[ʃíjɛ]
nasmaak (de)	shije (f)	[ʃíjɛ]

volgen een dieet	dobësohem	[dobəsóhɛm]
dieet (het)	dietë (f)	[diétə]
vitamine (de)	vitaminë (f)	[vitamínə]
calorie (de)	kalori (f)	[kalorí]
vegetariër (de)	vegjetarian (m)	[vɛɟɛtarián]
vegetarisch (bn)	vegjetarian	[vɛɟɛtarián]

vetten (mv.)	yndyrë (f)	[yndýrə]
eiwitten (mv.)	proteinë (f)	[protɛínə]
koolhydraten (mv.)	karbohidrat (m)	[karbohidrát]

snede (de)	fetë (f)	[fétə]
stuk (bijv. een ~ taart)	copë (f)	[tsópə]
kruimel (de)	dromcë (f)	[drómtsə]

51. Bereide gerechten

gerecht (het)	pjatë (f)	[pjátə]
keuken (bijv. Franse ~)	kuzhinë (f)	[kuʒínə]
recept (het)	recetë (f)	[rɛtsétə]
portie (de)	racion (m)	[ratsión]

salade (de)	sallatë (f)	[saɫátə]
soep (de)	supë (f)	[súpə]

bouillon (de)	lëng mishi (m)	[lən míʃi]
boterham (de)	sandviç (m)	[sandvítʃ]
spiegelei (het)	vezë të skuqura (pl)	[vézə tə skúcura]

hamburger (de)	hamburger	[hamburgér]
biefstuk (de)	biftek (m)	[bifték]

garnering (de)	garniturë (f)	[garnitúrə]
spaghetti (de)	shpageti (pl)	[ʃpagéti]
aardappelpuree (de)	pure patatesh (f)	[puré patátɛʃ]
pizza (de)	pica (f)	[pítsa]
pap (de)	qull (m)	[cuɫ]
omelet (de)	omëletë (f)	[oməlétə]

gekookt (in water)	i zier	[i zíɛr]
gerookt (bn)	i tymosur	[i tymósur]
gebakken (bn)	i skuqur	[i skúcur]
gedroogd (bn)	i tharë	[i θárə]
diepvries (bn)	i ngrirë	[i ŋrírə]
gemarineerd (bn)	i marinuar	[i marinúar]

zoet (bn)	i ëmbël	[i ə́mbəl]
gezouten (bn)	i kripur	[i krípur]
koud (bn)	i ftohtë	[i ftóhtə]
heet (bn)	i nxehtë	[i ndzéhtə]
bitter (bn)	i hidhur	[i híður]
lekker (bn)	i shijshëm	[i ʃíjʃəm]

koken (in kokend water)	ziej	[zíɛj]
bereiden (avondmaaltijd ~)	gatuaj	[gatúaj]
bakken (ww)	skuq	[skuc]
opwarmen (ww)	ngroh	[ŋróh]

zouten (ww)	hedh kripë	[hɛð krípə]
peperen (ww)	hedh piper	[hɛð pipér]
raspen (ww)	rendoj	[rɛndój]
schil (de)	lëkurë (f)	[ləkúrə]
schillen (ww)	qëroj	[cərój]

52. Voedsel

vlees (het)	mish (m)	[miʃ]
kip (de)	pulë (f)	[púlə]
kuiken (het)	mish pule (m)	[miʃ púlɛ]
eend (de)	rosë (f)	[rósə]
gans (de)	patë (f)	[pátə]
wild (het)	gjah (m)	[ɟáh]
kalkoen (de)	mish gjel deti (m)	[miʃ ɟɛl déti]

varkensvlees (het)	mish derri (m)	[miʃ déri]
kalfsvlees (het)	mish viçi (m)	[miʃ vítʃi]
schapenvlees (het)	mish qengji (m)	[miʃ cénɟi]
rundvlees (het)	mish lope (m)	[miʃ lópɛ]
konijnenvlees (het)	mish lepuri (m)	[miʃ lépuri]

worst (de)	salsiçe (f)	[salsítʃɛ]
saucijs (de)	salsiçe vjeneze (f)	[salsítʃɛ vjɛnézɛ]
spek (het)	proshutë (f)	[proʃútə]
ham (de)	sallam (m)	[saɫám]
gerookte achterham (de)	kofshë derri (f)	[kófʃə déri]
paté (de)	pate (f)	[paté]

lever (de)	mëlçi (f)	[məltʃí]
gehakt (het)	hamburger (m)	[hamburgér]
tong (de)	gjuhë (f)	[ɟúhə]

ei (het)	ve (f)	[vɛ]
eieren (mv.)	vezë (pl)	[vézə]
eiwit (het)	e bardhë veze (f)	[ɛ bárðə vézɛ]
eigeel (het)	e verdhë veze (f)	[ɛ vérðə vézɛ]

vis (de)	peshk (m)	[pɛʃk]
zeevruchten (mv.)	fruta deti (pl)	[frúta déti]
schaaldieren (mv.)	krustace (pl)	[krustátsɛ]
kaviaar (de)	havjar (m)	[havjár]

krab (de)	gaforre (f)	[gafórɛ]
garnaal (de)	karkalec (m)	[karkaléts]
oester (de)	midhje (f)	[míðjɛ]
langoest (de)	karavidhe (f)	[karavíðɛ]
octopus (de)	oktapod (m)	[oktapód]
inktvis (de)	kallamarë (f)	[kałamárə]

steur (de)	bli (m)	[blí]
zalm (de)	salmon (m)	[salmón]
heilbot (de)	shojzë e Atlantikut Verior (f)	[ʃójzə ɛ atlantíkut vɛriór]

kabeljauw (de)	merluc (m)	[mɛrlúts]
makreel (de)	skumbri (m)	[skúmbri]
tonijn (de)	tunë (f)	[túnə]
paling (de)	ngjalë (f)	[nɟálə]

forel (de)	troftë (f)	[tróftə]
sardine (de)	sardele (f)	[sardélɛ]
snoek (de)	mlysh (m)	[mlýʃ]
haring (de)	harengë (f)	[haréŋə]

brood (het)	bukë (f)	[búkə]
kaas (de)	djath (m)	[djáθ]
suiker (de)	sheqer (m)	[ʃɛcér]
zout (het)	kripë (f)	[krípə]

rijst (de)	oriz (m)	[oríz]
pasta (de)	makarona (f)	[makaróna]
noedels (mv.)	makarona petë (f)	[makaróna pétə]

boter (de)	gjalp (m)	[ɟalp]
plantaardige olie (de)	vaj vegjetal (m)	[vaj vɛɟɛtál]
zonnebloemolie (de)	vaj luledielli (m)	[vaj lulɛdiéłi]
margarine (de)	margarinë (f)	[margarínə]

| olijven (mv.) | ullinj (pl) | [ułíɲ] |
| olijfolie (de) | vaj ulliri (m) | [vaj ułíri] |

melk (de)	qumësht (m)	[cúməʃt]
gecondenseerde melk (de)	qumësht i kondensuar (m)	[cúməʃt i kondɛnsúar]
yoghurt (de)	kos (m)	[kos]
zure room (de)	salcë kosi (f)	[sáltsə kosi]

room (de)	**krem qumështi** (m)	[krɛm cúməʃti]
mayonaise (de)	**majonezë** (f)	[majonézə]
crème (de)	**krem gjalpi** (m)	[krɛm ɟálpi]

graan (het)	**drithëra** (pl)	[dríθəra]
meel (het), bloem (de)	**miell** (m)	[míɛɫ]
conserven (mv.)	**konserva** (f)	[konsérva]

maïsvlokken (mv.)	**kornfleiks** (m)	[kornfléiks]
honing (de)	**mjaltë** (f)	[mjáltə]
jam (de)	**reçel** (m)	[rɛtʃél]
kauwgom (de)	**çamçakëz** (m)	[tʃamtʃakéz]

53. Drankjes

water (het)	**ujë** (m)	[újə]
drinkwater (het)	**ujë i pijshëm** (m)	[újə i píjʃəm]
mineraalwater (het)	**ujë mineral** (m)	[újə minɛrál]

zonder gas	**ujë natyral**	[újə natyrál]
koolzuurhoudend (bn)	**ujë i karbonuar**	[újə i karbonúar]
bruisend (bn)	**ujë i gazuar**	[újə i gazúar]
ijs (het)	**akull** (m)	[ákuɫ]
met ijs	**me akull**	[mɛ ákuɫ]

alcohol vrij (bn)	**jo alkoolik**	[jo alkoolík]
alcohol vrije drank (de)	**pije e lehtë** (f)	[píjɛ ɛ léhtə]
frisdrank (de)	**pije freskuese** (f)	[píjɛ frɛskúɛsɛ]
limonade (de)	**limonadë** (f)	[limonádə]

alcoholische dranken (mv.)	**likere** (pl)	[likérɛ]
wijn (de)	**verë** (f)	[vérə]
witte wijn (de)	**verë e bardhë** (f)	[vérə ɛ bárðə]
rode wijn (de)	**verë e kuqe** (f)	[vérə ɛ kúcɛ]

likeur (de)	**liker** (m)	[likér]
champagne (de)	**shampanjë** (f)	[ʃampáɲə]
vermout (de)	**vermut** (m)	[vɛrmút]

whisky (de)	**uiski** (m)	[víski]
wodka (de)	**vodkë** (f)	[vódkə]
gin (de)	**xhin** (m)	[dʒin]
cognac (de)	**konjak** (m)	[koɲák]
rum (de)	**rum** (m)	[rum]

koffie (de)	**kafe** (f)	[káfɛ]
zwarte koffie (de)	**kafe e zezë** (f)	[káfɛ ɛ zézə]
koffie (de) met melk	**kafe me qumësht** (m)	[káfɛ mɛ cúməʃt]
cappuccino (de)	**kapuçino** (m)	[kaputʃíno]
oploskoffie (de)	**neskafe** (f)	[nɛskáfɛ]

melk (de)	**qumësht** (m)	[cúməʃt]
cocktail (de)	**koktej** (m)	[koktéj]
milkshake (de)	**milkshake** (f)	[milkʃákɛ]

sap (het)	lëng frutash (m)	[ləŋ frútaʃ]
tomatensap (het)	lëng domatesh (m)	[ləŋ domátɛʃ]
sinaasappelsap (het)	lëng portokalli (m)	[ləŋ portokáti]
vers geperst sap (het)	lëng frutash i freskët (m)	[ləŋ frútaʃ i frésket]

bier (het)	birrë (f)	[bírə]
licht bier (het)	birrë e lehtë (f)	[bírə ɛ léhtə]
donker bier (het)	birrë e zezë (f)	[bírə ɛ zézə]

thee (de)	çaj (m)	[tʃáj]
zwarte thee (de)	çaj i zi (m)	[tʃáj i zí]
groene thee (de)	çaj jeshil (m)	[tʃáj jɛʃíl]

54. Groenten

| groenten (mv.) | perime (pl) | [pɛrímɛ] |
| verse kruiden (mv.) | zarzavate (pl) | [zarzaváte] |

tomaat (de)	domate (f)	[domátɛ]
augurk (de)	kastravec (m)	[kastravéts]
wortel (de)	karotë (f)	[karótə]
aardappel (de)	patate (f)	[patátɛ]
ui (de)	qepë (f)	[cépə]
knoflook (de)	hudhër (f)	[húðər]

kool (de)	lakër (f)	[lákər]
bloemkool (de)	lulelakër (f)	[lulɛlákər]
spruitkool (de)	lakër Brukseli (f)	[lákər brukséli]
broccoli (de)	brokoli (m)	[brókoli]

rode biet (de)	panxhar (m)	[pandʒár]
aubergine (de)	patëllxhan (m)	[patətdʒán]
courgette (de)	kungulleshë (m)	[kuŋutéʃə]

| pompoen (de) | kungull (m) | [kúŋut] |
| raap (de) | rrepë (f) | [répə] |

peterselie (de)	majdanoz (m)	[majdanóz]
dille (de)	kopër (f)	[kópər]
sla (de)	sallatë jeshile (f)	[satátə jɛʃílɛ]
selderij (de)	selino (f)	[sɛlíno]

| asperge (de) | asparagus (m) | [asparágus] |
| spinazie (de) | spinaq (m) | [spinác] |

| erwt (de) | bizele (f) | [bizélɛ] |
| bonen (mv.) | fasule (f) | [fasúlɛ] |

| maïs (de) | misër (m) | [mísər] |
| nierboon (de) | groshë (f) | [gróʃə] |

peper (de)	spec (m)	[spɛts]
radijs (de)	rrepkë (f)	[répkə]
artisjok (de)	angjinare (f)	[aɲinárɛ]

55. Vruchten. Noten

vrucht (de)	frut (m)	[frut]
appel (de)	mollë (f)	[móɫə]
peer (de)	dardhë (f)	[dárðə]
citroen (de)	limon (m)	[limón]
sinaasappel (de)	portokall (m)	[portokáɫ]
aardbei (de)	luleshtrydhe (f)	[luɫɛʃtrýðɛ]
mandarijn (de)	mandarinë (f)	[mandarínə]
pruim (de)	kumbull (f)	[kúmbuɫ]
perzik (de)	pjeshkë (f)	[pjéʃkə]
abrikoos (de)	kajsi (f)	[kajsí]
framboos (de)	mjedër (f)	[mjédər]
ananas (de)	ananas (m)	[ananás]
banaan (de)	banane (f)	[banánɛ]
watermeloen (de)	shalqi (m)	[ʃalcí]
druif (de)	rrush (m)	[ruʃ]
zure kers (de)	qershi vishnje (f)	[cɛrʃí víʃnɛ]
zoete kers (de)	qershi (f)	[cɛrʃí]
meloen (de)	pjepër (m)	[pjépər]
grapefruit (de)	grejpfrut (m)	[grɛjpfrút]
avocado (de)	avokado (f)	[avokádo]
papaja (de)	papaja (f)	[papája]
mango (de)	mango (f)	[máŋo]
granaatappel (de)	shegë (f)	[ʃégə]
rode bes (de)	kaliboba e kuqe (f)	[kalibóba ɛ kúcɛ]
zwarte bes (de)	kaliboba e zezë (f)	[kalibóba ɛ zézə]
kruisbes (de)	kulumbri (f)	[kulumbrí]
blauwe bosbes (de)	boronicë (f)	[boronítsə]
braambes (de)	manaferra (f)	[manaféra]
rozijn (de)	rrush i thatë (m)	[ruʃ i θátə]
vijg (de)	fik (m)	[fik]
dadel (de)	hurmë (f)	[húrmə]
pinda (de)	kikirik (m)	[kikirík]
amandel (de)	bajame (f)	[bajámɛ]
walnoot (de)	arrë (f)	[árə]
hazelnoot (de)	lajthi (f)	[lajθí]
kokosnoot (de)	arrë kokosi (f)	[árə kokósi]
pistaches (mv.)	fëstëk (m)	[fəstték]

56. Brood. Snoep

suikerbakkerij (de)	ëmbëlsira (pl)	[əmbəlsíra]
brood (het)	bukë (f)	[búkə]
koekje (het)	biskota (pl)	[biskóta]
chocolade (de)	çokollatë (f)	[tʃokoɫátə]
chocolade- (abn)	prej çokollate	[prɛj tʃokoɫátɛ]

snoepje (het)	karamele (f)	[karamélɛ]
cakeje (het)	kek (m)	[kék]
taart (bijv. verjaardags~)	tortë (f)	[tórtə]

| pastei (de) | tortë (f) | [tórtə] |
| vulling (de) | mbushje (f) | [mbúʃjɛ] |

confituur (de)	reçel (m)	[rɛtʃél]
marmelade (de)	marmelatë (f)	[marmɛlátə]
wafel (de)	vafera (pl)	[vaféra]
ijsje (het)	akullore (f)	[akuɫórɛ]
pudding (de)	puding (m)	[pudíŋ]

57. Kruiden

zout (het)	kripë (f)	[krípə]
gezouten (bn)	i kripur	[i krípur]
zouten (ww)	hedh kripë	[hɛð krípə]

zwarte peper (de)	piper i zi (m)	[pipér i zi]
rode peper (de)	piper i kuq (m)	[pipér i kuc]
mosterd (de)	mustardë (f)	[mustárdə]
mierikswortel (de)	rrepë djegëse (f)	[répə djégəsɛ]

condiment (het)	salcë (f)	[sáltsə]
specerij, kruiderij (de)	erëz (f)	[érəz]
saus (de)	salcë (f)	[sáltsə]
azijn (de)	uthull (f)	[úθuɫ]

anijs (de)	anisetë (f)	[anisétə]
basilicum (de)	borzilok (m)	[borzilók]
kruidnagel (de)	karafil (m)	[karafíl]
gember (de)	xhenxhefil (m)	[dʒɛndʒɛfíl]
koriander (de)	koriandër (m)	[koriándər]
kaneel (de/het)	kanellë (f)	[kanéɫə]

sesamzaad (het)	susam (m)	[susám]
laurierblad (het)	gjeth dafine (m)	[ɟɛθ dafínɛ]
paprika (de)	spec (m)	[spɛts]
komijn (de)	kumin (m)	[kumín]
saffraan (de)	shafran (m)	[ʃafrán]

PERSOONLIJKE INFORMATIE. FAMILIE

58. Persoonlijke informatie. Formulieren

naam (de)	emër (m)	[émər]
achternaam (de)	mbiemër (m)	[mbiémər]
geboortedatum (de)	datëlindje (f)	[datəlíndjɛ]
geboorteplaats (de)	vendlindje (f)	[vɛndlíndjɛ]
nationaliteit (de)	kombësi (f)	[kombəsí]
woonplaats (de)	vendbanim (m)	[vɛndbaním]
land (het)	shtet (m)	[ʃtɛt]
beroep (het)	profesion (m)	[profɛsión]
geslacht (ov. het vrouwelijk ~)	gjinia (f)	[ɟinía]
lengte (de)	gjatësia (f)	[ɟatəsía]
gewicht (het)	peshë (f)	[péʃə]

59. Familieleden. Verwanten

moeder (de)	nënë (f)	[nénə]
vader (de)	baba (f)	[babá]
zoon (de)	bir (m)	[bir]
dochter (de)	bijë (f)	[bíjə]
jongste dochter (de)	vajza e vogël (f)	[vájza ɛ vógəl]
jongste zoon (de)	djali i vogël (m)	[djáli i vógəl]
oudste dochter (de)	vajza e madhe (f)	[vájza ɛ máðɛ]
oudste zoon (de)	djali i vogël (m)	[djáli i vógəl]
broer (de)	vëlla (m)	[vəłá]
oudere broer (de)	vëllai i madh (m)	[vəłái i mað]
jongere broer (de)	vëllai i vogël (m)	[vəłai i vógəl]
zuster (de)	motër (f)	[mótər]
oudere zuster (de)	motra e madhe (f)	[mótra ɛ máðɛ]
jongere zuster (de)	motra e vogël (f)	[mótra ɛ vógəl]
neef (zoon van oom, tante)	kushëri (m)	[kuʃərí]
nicht (dochter van oom, tante)	kushërirë (f)	[kuʃərírə]
mama (de)	mami (f)	[mámi]
papa (de)	babi (m)	[bábi]
ouders (mv.)	prindër (pl)	[príndər]
kind (het)	fëmijë (f)	[fəmíjə]
kinderen (mv.)	fëmijë (pl)	[fəmíjə]
oma (de)	gjyshe (f)	[ɟýʃɛ]

opa (de)	gjysh (m)	[ɟyʃ]
kleinzoon (de)	nip (m)	[nip]
kleindochter (de)	mbesë (f)	[mbésə]
kleinkinderen (mv.)	nipër e mbesa (pl)	[nípər ɛ mbésa]

oom (de)	dajë (f)	[dájə]
tante (de)	teze (f)	[tézɛ]
neef (zoon van broer, zus)	nip (m)	[nip]
nicht (dochter van broer, zus)	mbesö (f)	[mbéʃə]

schoonmoeder (de)	vjehrrë (f)	[vjéhrə]
schoonvader (de)	vjehrri (m)	[vjéhri]
schoonzoon (de)	dhëndër (m)	[ðéndər]
stiefmoeder (de)	njerkë (f)	[ɲérkə]
stiefvader (de)	njerk (m)	[ɲérk]

zuigeling (de)	foshnjë (f)	[fóʃnə]
wiegenkind (het)	fëmijë (f)	[fəmíjə]
kleuter (de)	djalosh (m)	[djalóʃ]

vrouw (de)	bashkëshorte (f)	[baʃkəʃórtɛ]
man (de)	bashkëshort (m)	[baʃkəʃórt]
echtgenoot (de)	bashkëshort (m)	[baʃkəʃórt]
echtgenote (de)	bashkëshorte (f)	[baʃkəʃórtɛ]

gehuwd (mann.)	i martuar	[i martúar]
gehuwd (vrouw.)	e martuar	[ɛ martúar]
ongehuwd (mann.)	beqar	[bɛcár]
vrijgezel (de)	beqar (m)	[bɛcár]
gescheiden (bn)	i divorcuar	[i divortsúar]
weduwe (de)	vejushë (f)	[vɛjúʃə]
weduwnaar (de)	vejan (m)	[vɛján]

familielid (het)	kushëri (m)	[kuʃərí]
dichte familielid (het)	kushëri i afërt (m)	[kuʃərí i áfərt]
verre familielid (het)	kushëri i largët (m)	[kuʃərí i lárgət]
familieleden (mv.)	kushërinj (pl)	[kuʃəríɲ]

wees (weesjongen)	jetim (m)	[jɛtím]
wees (weesmeisje)	jetime (f)	[jɛtímɛ]
voogd (de)	kujdestar (m)	[kujdɛstár]
adopteren (een jongen te ~)	adoptoj	[adoptój]
adopteren (een meisje te ~)	adoptoj	[adoptój]

60. Vrienden. Collega's

vriend (de)	mik (m)	[mik]
vriendin (de)	mike (f)	[míkɛ]
vriendschap (de)	miqësi (f)	[micəsí]
bevriend zijn (ww)	të miqësohem	[tə micəsóhɛm]

makker (de)	shok (m)	[ʃok]
vriendin (de)	shoqe (f)	[ʃócɛ]
partner (de)	partner (m)	[partnér]

chef (de)	shef (m)	[ʃɛf]
baas (de)	epror (m)	[ɛprór]
eigenaar (de)	pronar (m)	[pronár]
ondergeschikte (de)	vartës (m)	[vártəs]
collega (de)	koleg (m)	[kolég]
kennis (de)	i njohur (m)	[i ɲóhur]
medereiziger (de)	bashkudhëtar (m)	[baʃkuðətár]
klasgenoot (de)	shok klase (m)	[ʃok klásɛ]
buurman (de)	komshi (m)	[komʃí]
buurvrouw (de)	komshike (f)	[komʃíkɛ]
buren (mv.)	komshinj (pl)	[komʃíɲ]

MENSELIJK LICHAAM. GENEESKUNDE

61. Hoofd

hoofd (het)	kokë (f)	[kókə]
gezicht (het)	fytyrë (f)	[fytýrə]
neus (de)	hundë (f)	[húndə]
mond (de)	gojë (f)	[gójə]
oog (het)	sy (m)	[sy]
ogen (mv.)	sytë	[sýtə]
pupil (de)	bebëz (f)	[bébəz]
wenkbrauw (de)	vetull (f)	[vétuɫ]
wimper (de)	qerpik (m)	[cɛrpík]
ooglid (het)	qepallë (f)	[cɛpáɫə]
tong (de)	gjuhë (f)	[ɟúhə]
tand (de)	dhëmb (m)	[ðəmb]
lippen (mv.)	buzë (f)	[búzə]
jukbeenderen (mv.)	mollëza (f)	[móɫəza]
tandvlees (het)	mishrat e dhëmbëve	[míʃrat ɛ ðəmbəvɛ]
gehemelte (het)	qiellzë (f)	[ciéɫzə]
neusgaten (mv.)	vrimat e hundës (pl)	[vrímat ɛ húndəs]
kin (de)	mjekër (f)	[mjékər]
kaak (de)	nofull (f)	[nófuɫ]
wang (de)	faqe (f)	[fácɛ]
voorhoofd (het)	ball (m)	[báɫ]
slaap (de)	tëmth (m)	[təmθ]
oor (het)	vesh (m)	[vɛʃ]
achterhoofd (het)	zverk (m)	[zvɛrk]
hals (de)	qafë (f)	[cáfə]
keel (de)	fyt (m)	[fyt]
haren (mv.)	flokë (pl)	[flókə]
kapsel (het)	model flokësh (m)	[modél flókəʃ]
haarsnit (de)	prerje flokësh (f)	[prérjɛ flókəʃ]
pruik (de)	paruke (f)	[parúkɛ]
snor (de)	mustaqe (f)	[mustácɛ]
baard (de)	mjekër (f)	[mjékər]
dragen (een baard, enz.)	lë mjekër	[lə mjékər]
vlecht (de)	gërshet (m)	[gərʃét]
bakkebaarden (mv.)	baseta (f)	[baséta]
ros (roodachtig, rossig)	flokëkuqe	[flokəkúcɛ]
grijs (~ haar)	thinja	[θínja]
kaal (bn)	qeros	[cɛrós]
kale plek (de)	tullë (f)	[túɫə]

| paardenstaart (de) | bishtalec (m) | [biʃtaléts] |
| pony (de) | balluke (f) | [baɫúkɛ] |

62. Menselijk lichaam

| hand (de) | dorë (f) | [dórə] |
| arm (de) | krah (m) | [krah] |

vinger (de)	gisht i dorës (m)	[gíʃt i dórəs]
teen (de)	gisht i këmbës (m)	[gíʃt i kémbəs]
duim (de)	gishti i madh (m)	[gíʃti i máð]
pink (de)	gishti i vogël (m)	[gíʃti i vógəl]
nagel (de)	thua (f)	[θúa]

vuist (de)	grusht (m)	[grúʃt]
handpalm (de)	pëllëmbë dore (f)	[pəɫémbə dórɛ]
pols (de)	kyç (m)	[kytʃ]
voorarm (de)	parakrah (m)	[parakráh]
elleboog (de)	bërryl (m)	[bərýl]
schouder (de)	shpatull (f)	[ʃpátuɫ]

been (rechter ~)	këmbë (f)	[kémbə]
voet (de)	shputë (f)	[ʃpútə]
knie (de)	gju (m)	[ɟú]
kuit (de)	pulpë (f)	[púlpə]
heup (de)	ijë (f)	[íjə]
hiel (de)	thembër (f)	[θémbər]

lichaam (het)	trup (m)	[trup]
buik (de)	stomak (m)	[stomák]
borst (de)	kraharor (m)	[kraharór]
borst (de)	gjoks (m)	[ɟóks]
zijde (de)	krah (m)	[krah]
rug (de)	kurriz (m)	[kuríz]
lage rug (de)	fundshpina (f)	[fundʃpína]
taille (de)	bëli (m)	[bɛ́li]

navel (de)	kërthizë (f)	[kərθízə]
billen (mv.)	vithe (f)	[víθɛ]
achterwerk (het)	prapanica (f)	[prapanítsa]

huidvlek (de)	nishan (m)	[niʃán]
moedervlek (de)	shenjë lindjeje (f)	[ʃéɲə líndjɛjɛ]
tatoeage (de)	tatuazh (m)	[tatuáʒ]
litteken (het)	shenjë (f)	[ʃéɲə]

63. Ziekten

ziekte (de)	sëmundje (f)	[səmúndjɛ]
ziek zijn (ww)	jam sëmurë	[jam səmúrə]
gezondheid (de)	shëndet (m)	[ʃəndét]
snotneus (de)	rrifë (f)	[rífə]

angina (de)	grykët (m)	[grýkət]
verkoudheid (de)	ftohje (f)	[ftóhjɛ]
verkouden raken (ww)	ftohem	[ftóhɛm]

bronchitis (de)	bronkit (m)	[bronkít]
longontsteking (de)	pneumoni (f)	[pnɛumoní]
griep (de)	grip (m)	[grip]

hijziend (bn)	miop	[míóp]
verziend (bn)	presbit	[prɛsbít]
scheelheid (de)	strabizëm (m)	[strabízəm]
scheel (bn)	strabik	[strabík]
grauwe staar (de)	katarakt (m)	[katarákt]
glaucoom (het)	glaukoma (f)	[glaukóma]

beroerte (de)	goditje (f)	[godítjɛ]
hartinfarct (het)	sulm në zemër (m)	[sulm nə zémər]
myocardiaal infarct (het)	infarkt miokardiak (m)	[infárkt miokardiák]
verlamming (de)	paralizë (f)	[paralízə]
verlammen (ww)	paralizoj	[paralizój]

allergie (de)	alergji (f)	[alɛrɟí]
astma (de/het)	astmë (f)	[ástmə]
diabetes (de)	diabet (m)	[diabét]

tandpijn (de)	dhimbje dhëmbi (f)	[ðímbjɛ ðə́mbi]
tandbederf (het)	karies (m)	[kariés]

diarree (de)	diarre (f)	[diaré]
constipatie (de)	kapsllëk (m)	[kapsɫə́k]
maagstoornis (de)	dispepsi (f)	[dispɛpsí]
voedselvergiftiging (de)	helmim (m)	[hɛlmím]
voedselvergiftiging oplopen	helmohem nga ushqimi	[hɛlmóhɛm ŋa uʃcími]

artritis (de)	artrit (m)	[artrít]
rachitis (de)	rakit (m)	[rakít]
reuma (het)	reumatizëm (m)	[rɛumatízəm]
arteriosclerose (de)	arteriosklerozë (f)	[artɛriosklɛrózə]

gastritis (de)	gastrit (m)	[gastrít]
blindedarmontsteking (de)	apendicit (m)	[apɛnditsít]
galblaasontsteking (de)	kolecistit (m)	[kolɛtsistít]
zweer (de)	ulcerë (f)	[ultsérə]

mazelen (mv.)	fruth (m)	[fruθ]
rodehond (de)	rubeola (f)	[rubɛóla]
geelzucht (de)	verdhëza (f)	[vérðəza]
leverontsteking (de)	hepatit (m)	[hɛpatít]

schizofrenie (de)	skizofreni (f)	[skizofrɛní]
dolheid (de)	sëmundje e tërbimit (f)	[səmúndjɛ ɛ tərbímit]
neurose (de)	neurozë (f)	[nɛurózə]
hersenschudding (de)	tronditje (f)	[trondítjɛ]

kanker (de)	kancer (m)	[kantsér]
sclerose (de)	sklerozë (f)	[sklɛrózə]

multiple sclerose (de)	**sklerozë e shumëfishtë** (f)	[sklɛrózə ɛ ʃuməfíʃtə]
alcoholisme (het)	**alkoolizëm** (m)	[alkoolízəm]
alcoholicus (de)	**alkoolik** (m)	[alkoolík]
syfilis (de)	**sifiliz** (m)	[sifilíz]
AIDS (de)	**SIDA** (f)	[sída]

tumor (de)	**tumor** (m)	[tumór]
kwaadaardig (bn)	**malinj**	[malíɲ]
goedaardig (bn)	**beninj**	[bɛníɲ]

koorts (de)	**ethe** (f)	[éθɛ]
malaria (de)	**malarie** (f)	[malaríɛ]
gangreen (het)	**gangrenë** (f)	[gaɲréne]
zeeziekte (de)	**sëmundje deti** (f)	[səmúndjɛ déti]
epilepsie (de)	**epilepsi** (f)	[ɛpilɛpsí]

epidemie (de)	**epidemi** (f)	[ɛpidɛmí]
tyfus (de)	**tifo** (f)	[tífo]
tuberculose (de)	**tuberkuloz** (f)	[tubɛrkulóz]
cholera (de)	**kolerë** (f)	[kolérə]
pest (de)	**murtaja** (f)	[murtája]

64. Symptomen. Behandelingen. Deel 1

symptoom (het)	**simptomë** (f)	[simptómə]
temperatuur (de)	**temperaturë** (f)	[tɛmpɛratúrə]
verhoogde temperatuur (de)	**temperaturë e lartë** (f)	[tɛmpɛratúrə ɛ lártə]
polsslag (de)	**puls** (m)	[puls]

duizeling (de)	**marrje mendsh** (m)	[márjɛ méndʃ]
heet (erg warm)	**i nxehtë**	[i ndzéhtə]
koude rillingen (mv.)	**drithërima** (f)	[driθəríma]
bleek (bn)	**i zbehur**	[i zbéhur]

hoest (de)	**kollë** (f)	[kóɫə]
hoesten (ww)	**kollitem**	[kɔɫítɑm]
niezen (ww)	**teshtij**	[tɛʃtíj]
flauwte (de)	**të fikët** (f)	[tə fíkət]
flauwvallen (ww)	**bie të fikët**	[bíɛ tə fíkət]

blauwe plek (de)	**mavijosje** (f)	[mavijósjɛ]
buil (de)	**gungë** (f)	[gúɲə]
zich stoten (ww)	**godas**	[godás]
kneuzing (de)	**lëndim** (m)	[ləndím]
kneuzen (gekneusd zijn)	**lëndohem**	[ləndóhɛm]

hinken (ww)	**çaloj**	[tʃalój]
verstuiking (de)	**dislokim** (m)	[dislokím]
verstuiken (enkel, enz.)	**del nga vendi**	[dɛl ŋa véndi]
breuk (de)	**thyerje** (f)	[θýɛrjɛ]
een breuk oplopen	**thyej**	[θýɛj]

snijwond (de)	**e prerë** (f)	[ɛ prérə]
zich snijden (ww)	**pres veten**	[prɛs vétɛn]

bloeding (de)	rrjedhje gjaku (f)	[rjéðjɛ ɟáku]
brandwond (de)	djegie (f)	[djégiɛ]
zich branden (ww)	digjem	[díɟɛm]

prikken (ww)	shpoj	[ʃpoj]
zich prikken (ww)	shpohem	[ʃpóhɛm]
blesseren (ww)	dëmtoj	[dəmtój]
blessure (letsel)	dëmtim (m)	[dəmtím]
wond (de)	plagö (f)	[pɭägəɭ
trauma (het)	traumë (f)	[traúmə]

ijlen (ww)	fol përçart	[fól pərtʃárt]
stotteren (ww)	belbëzoj	[bɛlbəzój]
zonnesteek (de)	pikë e diellit (f)	[píkə ɛ diéɬit]

65. Symptomen. Behandelingen. Deel 2

| pijn (de) | dhimbje (f) | [ðímbjɛ] |
| splinter (de) | cifël (f) | [tsífəl] |

zweet (het)	djersë (f)	[djérsə]
zweten (ww)	djersij	[djɛrsíj]
braking (de)	të vjella (f)	[tə vjéɬa]
stuiptrekkingen (mv.)	konvulsione (f)	[konvulsiónɛ]

zwanger (bn)	shtatzënë	[ʃtatzénə]
geboren worden (ww)	lind	[lind]
geboorte (de)	lindje (f)	[líndjɛ]
baren (ww)	sjell në jetë	[sjɛɬ nə jétə]
abortus (de)	abort (m)	[abórt]

ademhaling (de)	frymëmarrje (f)	[fryməmárjɛ]
inademing (de)	mbajtje e frymës (f)	[mbájtjɛ ɛ frýməs]
uitademing (de)	lëshim i frymës (m)	[ləʃím i frýməs]
uitademen (ww)	nxjerr frymën	[ndzjér frýmən]
inademen (ww)	marr frymë	[mar frýmə]

invalide (de)	invalid (m)	[invalíd]
gehandicapte (de)	i gjymtuar (m)	[i ɟymtúar]
drugsverslaafde (de)	narkoman (m)	[narkomán]

doof (bn)	shurdh	[ʃurð]
stom (bn)	memec	[mɛméts]
doofstom (bn)	shurdh-memec	[ʃurð-mɛméts]

krankzinnig (bn)	i marrë	[i márə]
krankzinnige (man)	i çmendur (m)	[i tʃméndur]
krankzinnige (vrouw)	e çmendur (f)	[ɛ tʃméndur]
krankzinnig worden	çmendem	[tʃméndɛm]

gen (het)	gen (m)	[gɛn]
immuniteit (de)	imunitet (m)	[imunitét]
erfelijk (bn)	e trashëguar	[ɛ traʃəgúar]
aangeboren (bn)	e lindur	[ɛ líndur]

virus (het)	**virus** (m)	[virús]
microbe (de)	**mikrob** (m)	[mikrób]
bacterie (de)	**bakterie** (f)	[baktérɛ]
infectie (de)	**infeksion** (m)	[infɛksión]

66. Symptomen. Behandelingen. Deel 3

ziekenhuis (het)	**spital** (m)	[spitál]
patiënt (de)	**pacient** (m)	[patsiént]
diagnose (de)	**diagnozë** (f)	[diagnózə]
genezing (de)	**kurë** (f)	[kúrə]
medische behandeling (de)	**trajtim mjekësor** (m)	[trajtím mjɛkəsór]
onder behandeling zijn	**kurohem**	[kuróhɛm]
behandelen (ww)	**kuroj**	[kurój]
zorgen (zieken ~)	**kujdesem**	[kujdésɛm]
ziekenzorg (de)	**kujdes** (m)	[kujdés]
operatie (de)	**operacion** (m)	[opɛratsión]
verbinden (een arm ~)	**fashoj**	[faʃój]
verband (het)	**fashim** (m)	[faʃím]
vaccin (het)	**vaksinim** (m)	[vaksiním]
inenten (vaccineren)	**vaksinoj**	[vaksinój]
injectie (de)	**injeksion** (m)	[iɲɛksión]
een injectie geven	**bëj injeksion**	[bəj iɲɛksíon]
aanval (de)	**atak** (m)	[aták]
amputatie (de)	**amputim** (m)	[amputim]
amputeren (ww)	**amputoj**	[amputój]
coma (het)	**komë** (f)	[kómə]
in coma liggen	**jam në komë**	[jam nə kómə]
intensieve zorg, ICU (de)	**kujdes intensiv** (m)	[kujdés intɛnsív]
zich herstellen (ww)	**shërohem**	[ʃəróhɛm]
toestand (de)	**gjendje** (f)	[ɟóndjɛ]
bewustzijn (het)	**vetëdije** (f)	[vɛtədíjɛ]
geheugen (het)	**kujtesë** (f)	[kujtésə]
trekken (een kies ~)	**heq**	[hɛc]
vulling (de)	**mbushje** (f)	[mbúʃɛ]
vullen (ww)	**mbush**	[mbúʃ]
hypnose (de)	**hipnozë** (f)	[hipnózə]
hypnotiseren (ww)	**hipnotizim**	[hipnotizím]

67. Geneeskunde. Medicijnen. Accessoires

geneesmiddel (het)	**ilaç** (m)	[ilátʃ]
middel (het)	**mjekim** (m)	[mjɛkím]
voorschrijven (ww)	**shkruaj recetë**	[ʃkrúaj rɛtsétə]
recept (het)	**recetë** (f)	[rɛtsétə]

tablet (de/het)	**pilulë** (f)	[pilúlə]
zalf (de)	**krem** (m)	[krɛm]
ampul (de)	**ampulë** (f)	[ampúlə]
drank (de)	**përzierje** (f)	[pərzíɛrjɛ]
siroop (de)	**shurup** (m)	[ʃurúp]
pil (de)	**pilulë** (f)	[pilúlə]
poeder (de/het)	**pudër** (f)	[púdər]
verband (het)	**fashö garzo** (f)	[ɾaʃə уáⱱ.ⱬⱬ]
watten (mv.)	**pambuk** (m)	[pambúk]
jodium (het)	**jod** (m)	[jod]
pleister (de)	**leukoplast** (m)	[lɛukoplást]
pipet (de)	**pikatore** (f)	[pikatórɛ]
thermometer (de)	**termometër** (m)	[tɛrmométər]
spuit (de)	**shiringë** (f)	[ʃiríŋə]
rolstoel (de)	**karrocë me rrota** (f)	[karótsə mɛ róta]
krukken (mv.)	**paterica** (f)	[patɛrítsa]
pijnstiller (de)	**qetësues** (m)	[cɛtəsúɛs]
laxeermiddel (het)	**laksativ** (m)	[laksatív]
spiritus (de)	**alkool dezinfektues** (m)	[alkoól dɛzinfɛktúɛs]
medicinale kruiden (mv.)	**bimë mjekësore** (f)	[bímə mjɛkəsórɛ]
kruiden- (abn)	**çaj bimor**	[tʃáj bimór]

APPARTEMENT

68. Appartement

appartement (het)	apartament (m)	[apartamént]
kamer (de)	dhomë (f)	[ðómə]
slaapkamer (de)	dhomë gjumi (f)	[ðómə ɟúmi]
eetkamer (de)	dhomë ngrënie (f)	[ðómə ŋrəníɛ]
salon (de)	dhomë ndeje (f)	[ðómə ndéjɛ]
studeerkamer (de)	dhomë pune (f)	[ðómə púnɛ]
gang (de)	hyrje (f)	[hýrjɛ]
badkamer (de)	banjo (f)	[báɲo]
toilet (het)	tualet (m)	[tualét]
plafond (het)	tavan (m)	[taván]
vloer (de)	dysheme (f)	[dyʃɛmé]
hoek (de)	qoshe (f)	[cóʃɛ]

69. Meubels. Interieur

meubels (mv.)	orendi (f)	[orɛndí]
tafel (de)	tryezë (f)	[tryézə]
stoel (de)	karrige (f)	[karígɛ]
bed (het)	shtrat (m)	[ʃtrat]
bankstel (het)	divan (m)	[diván]
fauteuil (de)	kolltuk (m)	[koɬtúk]
boekenkast (de)	raft librash (m)	[ráft líbraʃ]
boekenrek (het)	sergjen (m)	[sɛrjén]
kledingkast (de)	gardërobë (f)	[gardəróbə]
kapstok (de)	varëse (f)	[várəsɛ]
staande kapstok (de)	varëse xhaketash (f)	[várəsɛ dʒakétaʃ]
commode (de)	komodë (f)	[komódə]
salontafeltje (het)	tryezë e ulët (f)	[tryézə ɛ úlət]
spiegel (de)	pasqyrë (f)	[pascýrə]
tapijt (het)	qilim (m)	[cilím]
tapijtje (het)	tapet (m)	[tapét]
haard (de)	oxhak (m)	[odʒák]
kaars (de)	qiri (m)	[círi]
kandelaar (de)	shandan (m)	[ʃandán]
gordijnen (mv.)	perde (f)	[pérdɛ]
behang (het)	tapiceri (f)	[tapitsɛrí]

jaloezie (de)	grila (f)	[gríla]
bureaulamp (de)	llambë tavoline (f)	[ɫámbə tavolínɛ]
wandlamp (de)	llambadar muri (m)	[ɫambadár múri]
staande lamp (de)	llambadar (m)	[ɫambadár]
luchter (de)	llambadar (m)	[ɫambadár]

poot (ov. een tafel, enz.)	këmbë (f)	[kómbə]
armleuning (de)	mbështetëse krahu (f)	[mbəʃtétəsɛ kráhu]
rugleuning (de)	mbështetëse (f)	[mbəʃtétəsɛ]
la (de)	sirtar (m)	[sirtár]

70. Beddengoed

beddengoed (het)	çarçafë (pl)	[tʃartʃáfə]
kussen (het)	jastëk (m)	[jastёk]
kussenovertrek (de)	këllëf jastëku (m)	[kəɫəf jastёku]
deken (de)	jorgan (m)	[jorgán]
laken (het)	çarçaf (m)	[tʃartʃáf]
sprei (de)	mbulesë (f)	[mbulésə]

71. Keuken

keuken (de)	kuzhinë (f)	[kuʒínə]
gas (het)	gaz (m)	[gaz]
gasfornuis (het)	sobë me gaz (f)	[sóbə mɛ gaz]
elektrisch fornuis (het)	sobë elektrike (f)	[sóbə ɛlɛktríkɛ]
oven (de)	furrë (f)	[fúrə]
magnetronoven (de)	mikrovalë (f)	[mikroválə]

koelkast (de)	frigorifer (m)	[frigorifér]
diepvriezer (de)	frigorifer (m)	[frigorifér]
vaatwasmachine (de)	pjatalarëse (f)	[pjatalárəsɛ]

vleesmolen (de)	grirëse mishi (f)	[grírəsɛ míʃi]
vruchtenpers (de)	shtrydhëse frutash (f)	[ʃtrýðəsɛ frútaʃ]
toaster (de)	toster (m)	[tostér]
mixer (de)	mikser (m)	[miksér]

koffiemachine (de)	makinë kafeje (f)	[makínə kaféjɛ]
koffiepot (de)	kafetierë (f)	[kafɛtiérə]
koffiemolen (de)	mulli kafeje (f)	[muɫí káfɛjɛ]

fluitketel (de)	çajnik (m)	[tʃajník]
theepot (de)	çajnik (m)	[tʃajník]
deksel (de/het)	kapak (m)	[kapák]
theezeefje (het)	sitë çaji (f)	[sítə tʃáji]

lepel (de)	lugë (f)	[lúgə]
theelepeltje (het)	lugë çaji (f)	[lúgə tʃáji]
eetlepel (de)	lugë gjelle (f)	[lúgə ɟétɛ]
vork (de)	pirun (m)	[pirún]
mes (het)	thikë (f)	[θíkə]

vaatwerk (het)	enë kuzhine (f)	[énə kuʒínɛ]
bord (het)	pjatë (f)	[pjátə]
schoteltje (het)	pjatë filxhani (f)	[pjátə fildʒáni]

likeurglas (het)	potir (m)	[potír]
glas (het)	gotë (f)	[gótə]
kopje (het)	filxhan (m)	[fildʒán]

suikerpot (de)	tas për sheqer (m)	[tas pər ʃɛcér]
zoutvat (het)	kripore (f)	[kripórɛ]
pepervat (het)	enë piperi (f)	[énə pipéri]
boterschaaltje (het)	pjatë gjalpi (f)	[pjátə ɟálpi]

pan (de)	tenxhere (f)	[tɛndʒérɛ]
bakpan (de)	tigan (m)	[tigán]
pollepel (de)	garuzhdë (f)	[garúʒdə]
vergiet (de/het)	kullesë (f)	[kuɬésə]
dienblad (het)	tabaka (f)	[tabaká]

fles (de)	shishe (f)	[ʃíʃɛ]
glazen pot (de)	kavanoz (m)	[kavanóz]
blik (conserven~)	kanoçe (f)	[kanótʃɛ]

flesopener (de)	hapëse shishesh (f)	[hapəsé ʃíʃɛʃ]
blikopener (de)	hapëse kanoçesh (f)	[hapəsé kanótʃɛʃ]
kurkentrekker (de)	turjelë tapash (f)	[turjélə tápaʃ]
filter (de/het)	filtër (m)	[fíltər]
filteren (ww)	filtroj	[filtrój]

huisvuil (het)	pleh (m)	[plɛh]
vuilnisemmer (de)	kosh plehrash (m)	[koʃ pléhraʃ]

72. Badkamer

badkamer (de)	banjo (f)	[báɲo]
water (het)	ujë (m)	[újə]
kraan (de)	rubinet (m)	[rubinét]
warm water (het)	ujë i nxehtë (f)	[úja i ndzéhtə]
koud water (het)	ujë i ftohtë (f)	[úja i ftóhtə]

tandpasta (de)	pastë dhëmbësh (f)	[pástə ðémbəʃ]
tanden poetsen (ww)	laj dhëmbët	[laj ðémbət]
tandenborstel (de)	furçë dhëmbësh (f)	[fúrtʃə ðémbəʃ]

zich scheren (ww)	rruhem	[rúhɛm]
scheercrème (de)	shkumë rroje (f)	[ʃkumə rójɛ]
scheermes (het)	brisk (m)	[brísk]

wassen (ww)	laj duart	[laj dúart]
een bad nemen	lahem	[láhɛm]
douche (de)	dush (m)	[duʃ]
een douche nemen	bëj dush	[bəj dúʃ]
bad (het)	vaskë (f)	[váskə]
toiletpot (de)	tualet (m)	[tualét]

wastafel (de)	lavaman (m)	[lavamán]
zeep (de)	sapun (m)	[sapún]
zeepbakje (het)	pjatë sapuni (f)	[pjátə sapúni]

spons (de)	sfungjer (m)	[sfunɟér]
shampoo (de)	shampo (f)	[ʃampó]
handdoek (de)	peshqir (m)	[pɛʃcír]
badjas (de)	peshqir trupi (m)	[pɛʃcír trúpi]

was (bijv. handwas)	larje (f)	[lárjɛ]
wasmachine (de)	makinë larëse (f)	[makínə lárəsɛ]
de was doen	laj rroba	[laj róba]
waspoeder (de)	detergjent (m)	[dɛtɛɲént]

73. Huishoudelijke apparaten

televisie (de)	televizor (m)	[tɛlɛvizór]
cassettespeler (de)	inçizues me shirit (m)	[intʃizúɛs mɛ ʃirít]
videorecorder (de)	video regjistrues (m)	[vídɛo rɛɟistrúɛs]
radio (de)	radio (f)	[rádio]
speler (de)	kasetofon (m)	[kasɛtofón]

videoprojector (de)	projektor (m)	[projɛktór]
home theater systeem (het)	kinema shtëpie (f)	[kinɛmá ʃtəpíɛ]
DVD-speler (de)	DVD player (m)	[dividí plɛjər]
versterker (de)	amplifikator (m)	[amplifikatór]
spelconsole (de)	konsol video loje (m)	[konsól vídɛo lójɛ]

videocamera (de)	videokamerë (f)	[vidɛokamérə]
fotocamera (de)	aparat fotografik (m)	[aparát fotografík]
digitale camera (de)	kamerë digjitale (f)	[kamérə diɟitálɛ]

stofzuiger (de)	fshesë elektrike (f)	[fʃésə ɛlɛktríkɛ]
strijkijzer (het)	hekur (m)	[hékur]
strijkplank (de)	tryezë për hekurosje (f)	[tryézə pər hɛkurósjɛ]

telefoon (de)	telefon (m)	[tɛlɛfón]
mobieltje (het)	celular (m)	[tsɛlulár]
schrijfmachine (de)	makinë shkrimi (f)	[makínə ʃkrími]
naaimachine (de)	makinë qepëse (f)	[makínə cépəsɛ]

microfoon (de)	mikrofon (m)	[mikrofón]
koptelefoon (de)	kufje (f)	[kúfjɛ]
afstandsbediening (de)	telekomandë (f)	[tɛlɛkomándə]

CD (de)	CD (f)	[tsɛdé]
cassette (de)	kasetë (f)	[kasétə]
vinylplaat (de)	pllakë gramafoni (f)	[pɫákə gramafóni]

DE AARDE. WEER

74. De kosmische ruimte

kosmos (de)	hapësirë (f)	[hapəsírə]
kosmisch (bn)	hapësinor	[hapəsinór]
kosmische ruimte (de)	kozmos (m)	[kozmós]
wereld (de)	botë (f)	[bótə]
heelal (het)	univers	[univérs]
sterrenstelsel (het)	galaksi (f)	[galaksí]
ster (de)	yll (m)	[yɫ]
sterrenbeeld (het)	yllësi (f)	[yɫəsí]
planeet (de)	planet (m)	[planét]
satelliet (de)	satelit (m)	[satɛlít]
meteoriet (de)	meteor (m)	[mɛtɛór]
komeet (de)	kometë (f)	[kométə]
asteroïde (de)	asteroid (m)	[astɛroíd]
baan (de)	orbitë (f)	[orbítə]
draaien (om de zon, enz.)	rrotullohet	[rotuɫóhɛt]
atmosfeer (de)	atmosferë (f)	[atmosférə]
Zon (de)	Dielli (m)	[diéɫi]
zonnestelsel (het)	sistemi diellor (m)	[sistémi diɛɫór]
zonsverduistering (de)	eklips diellor (m)	[ɛklíps diɛɫór]
Aarde (de)	Toka (f)	[tóka]
Maan (de)	Hëna (f)	[hə́na]
Mars (de)	Marsi (m)	[mársi]
Venus (de)	Venera (f)	[vɛnéra]
Jupiter (de)	Jupiteri (m)	[jupitéri]
Saturnus (de)	Saturni (m)	[satúrni]
Mercurius (de)	Merkuri (m)	[mɛrkúri]
Uranus (de)	Urani (m)	[uráni]
Neptunus (de)	Neptuni (m)	[nɛptúni]
Pluto (de)	Pluto (f)	[plúto]
Melkweg (de)	Rruga e Qumështit (f)	[rúga ɛ cúməʃtit]
Grote Beer (de)	Arusha e Madhe (f)	[arúʃa ɛ máðɛ]
Poolster (de)	ylli i Veriut (m)	[ýɫi i vériut]
marsmannetje (het)	Marsian (m)	[marsián]
buitenaards wezen (het)	jashtëtokësor (m)	[jaʃtətokəsór]
bovenaards (het)	alien (m)	[alién]

vliegende schotel (de)	disk fluturues (m)	[dísk fluturúɛs]
ruimtevaartuig (het)	anije kozmike (f)	[aníjɛ kozmíkɛ]
ruimtestation (het)	stacion kozmik (m)	[statsión kozmík]
start (de)	ngritje (f)	[ŋrítjɛ]

motor (de)	motor (m)	[motór]
straalpijp (de)	dizë (f)	[dízə]
brandstof (de)	karburant (m)	[karburánt]

| cabine (de) | kabinë pilotimi (f) | [kabínə pilotími] |
| antenne (de) | antenë (f) | [anténə] |

patrijspoort (de)	dritare anësore (f)	[dritárɛ anəsórɛ]
zonnebatterij (de)	panel solar (m)	[panél solár]
ruimtepak (het)	veshje astronauti (f)	[véʃjɛ astronáuti]

| gewichtloosheid (de) | mungesë graviteti (f) | [muŋésə gravitéti] |
| zuurstof (de) | oksigjen (m) | [oksiɟén] |

| koppeling (de) | ndërlidhje në hapësirë (f) | [ndərlíðjɛ nə hapəsírə] |
| koppeling maken | stacionohem | [statsionóhɛm] |

| observatorium (het) | observator (m) | [obsɛrvatór] |
| telescoop (de) | teleskop (m) | [tɛlɛskóp] |

| waarnemen (ww) | vëzhgoj | [vəʒgój] |
| exploreren (ww) | eksploroj | [ɛksplorój] |

75. De Aarde

Aarde (de)	Toka (f)	[tóka]
aardbol (de)	globi (f)	[glóbi]
planeet (de)	planet (m)	[planét]

atmosfeer (de)	atmosferë (f)	[atmosférə]
aardrijkskunde (de)	gjeografi (f)	[ɟɛografí]
natuur (de)	natyrë (f)	[natýrə]

wereldbol (de)	glob (m)	[glob]
kaart (de)	hartë (f)	[hártə]
atlas (de)	atlas (m)	[atlás]

| Europa (het) | Evropa (f) | [ɛvrópa] |
| Azië (het) | Azia (f) | [azía] |

| Afrika (het) | Afrika (f) | [afríka] |
| Australië (het) | Australia (f) | [australía] |

Amerika (het)	Amerika (f)	[amɛríka]
Noord-Amerika (het)	Amerika Veriore (f)	[amɛríka vɛriórɛ]
Zuid-Amerika (het)	Amerika Jugore (f)	[amɛríka jugórɛ]

| Antarctica (het) | Antarktika (f) | [antarktíka] |
| Arctis (de) | Arktiku (m) | [arktíku] |

76. Windrichtingen

noorden (het)	veri (m)	[vɛrí]
naar het noorden	drejt veriut	[dréjt vériut]
in het noorden	në veri	[nə vɛrí]
noordelijk (bn)	verior	[vɛriór]
zuiden (het)	jug (m)	[jug]
naar het zuiden	drejt jugut	[dréjt júgut]
in het zuiden	në jug	[nə jug]
zuidelijk (bn)	jugor	[jugór]
westen (het)	perëndim (m)	[pɛrəndím]
naar het westen	drejt perëndimit	[dréjt pɛrəndímit]
in het westen	në perëndim	[nə pɛrəndím]
westelijk (bn)	perëndimor	[pɛrəndimór]
oosten (het)	lindje (f)	[líndjɛ]
naar het oosten	drejt lindjes	[dréjt líndjɛs]
in het oosten	në lindje	[nə líndjɛ]
oostelijk (bn)	lindor	[lindór]

77. Zee. Oceaan

zee (de)	det (m)	[dét]
oceaan (de)	oqean (m)	[ocɛán]
golf (baai)	gji (m)	[ɟi]
straat (de)	ngushticë (f)	[ŋuʃtítsə]
grond (vaste grond)	tokë (f)	[tókə]
continent (het)	kontinent (m)	[kontinént]
eiland (het)	ishull (m)	[íʃuɬ]
schiereiland (het)	gadishull (m)	[gadíʃuɬ]
archipel (de)	arkipelag (m)	[aɾkipɛlág]
baai, bocht (de)	gji (m)	[ɟi]
haven (de)	port (m)	[port]
lagune (de)	lagunë (f)	[lagúnə]
kaap (de)	kep (m)	[kɛp]
atol (de)	atol (m)	[atól]
rif (het)	shkëmb nënujor (m)	[ʃkəmb nənujór]
koraal (het)	koral (m)	[korál]
koraalrif (het)	korale nënujorë (f)	[korálɛ nənujórə]
diep (bn)	i thellë	[i θéɬə]
diepte (de)	thellësi (f)	[θɛɬəsí]
diepzee (de)	humnerë (f)	[humnérə]
trog (bijv. Marianentrog)	hendek (m)	[hɛndék]
stroming (de)	rrymë (f)	[rýmə]
omspoelen (ww)	rrethohet	[rɛθóhɛt]

oever (de)	**breg** (m)	[brɛg]
kust (de)	**bregdet** (m)	[brɛgdét]
vloed (de)	**batica** (f)	[batítsa]
eb (de)	**zbaticë** (f)	[zbatítsə]
ondiepte (ondiep water)	**cekëtinë** (f)	[tsɛkətínə]
bodem (de)	**fund i detit** (m)	[fúnd i détit]
golf (hoge ~)	**dallgë** (f)	[dáɫgə]
golfkam (de)	**kreshtë** (f)	[kréʃtə]
schuim (het)	**shkumë** (f)	[ʃkúmə]
storm (de)	**stuhi** (f)	[stuhí]
orkaan (de)	**uragan** (m)	[uragán]
tsunami (de)	**cunam** (m)	[tsunám]
windstilte (de)	**qetësi** (f)	[cɛtəsí]
kalm (bijv. ~e zee)	**i qetë**	[i cétə]
pool (de)	**pol** (m)	[pol]
polair (bn)	**polar**	[polár]
breedtegraad (de)	**gjerësi** (f)	[ɟɛrəsí]
lengtegraad (de)	**gjatësi** (f)	[ɟatəsí]
parallel (de)	**paralele** (f)	[paralélɛ]
evenaar (de)	**ekuator** (m)	[ɛkuatór]
hemel (de)	**qiell** (m)	[cíɛɫ]
horizon (de)	**horizont** (m)	[horizónt]
lucht (de)	**ajër** (m)	[ájər]
vuurtoren (de)	**fanar** (m)	[fanár]
duiken (ww)	**zhytem**	[ʒýtɛm]
zinken (ov. een boot)	**fundosje**	[fundósjɛ]
schatten (mv.)	**thesare** (pl)	[θɛsárɛ]

78. Namen van zeeën en oceanen

Atlantische Oceaan (de)	**Oqeani Atlantik** (m)	[ocɛáni atlantík]
Indische Oceaan (de)	**Oqeani Indian** (m)	[ocɛáni indián]
Stille Oceaan (de)	**Oqeani Paqësor** (m)	[ocɛáni pacəsór]
Noordelijke IJszee (de)	**Oqeani Arktik** (m)	[ocɛáni arktík]
Zwarte Zee (de)	**Deti i Zi** (m)	[déti i zí]
Rode Zee (de)	**Deti i Kuq** (m)	[déti i kúc]
Gele Zee (de)	**Deti i Verdhë** (m)	[déti i vérðə]
Witte Zee (de)	**Deti i Bardhë** (m)	[déti i bárðə]
Kaspische Zee (de)	**Deti Kaspik** (m)	[déti kaspík]
Dode Zee (de)	**Deti i Vdekur** (m)	[déti i vdékur]
Middellandse Zee (de)	**Deti Mesdhe** (m)	[déti mɛsðé]
Egeïsche Zee (de)	**Deti Egje** (m)	[déti ɛʝé]
Adriatische Zee (de)	**Deti Adriatik** (m)	[déti adriatík]
Arabische Zee (de)	**Deti Arab** (m)	[déti aráb]

Japanse Zee (de)	Deti i Japonisë (m)	[déti i japonísə]
Beringzee (de)	Deti Bering (m)	[déti bériŋ]
Zuid-Chinese Zee (de)	Deti i Kinës Jugore (m)	[déti i kínəs jugórɛ]
Koraalzee (de)	Deti Koral (m)	[déti korál]
Tasmanzee (de)	Deti Tasman (m)	[déti tasmán]
Caribische Zee (de)	Deti i Karaibeve (m)	[déti i karaíbɛvɛ]
Barentszzee (de)	Deti Barents (m)	[déti barénts]
Karische Zee (de)	Deti Kara (m)	[déti kára]
Noordzee (de)	Deti i Veriut (m)	[déti i vériut]
Baltische Zee (de)	Deti Baltik (m)	[déti baltík]
Noorse Zee (de)	Deti Norvegjez (m)	[déti norvɛɟéz]

79. Bergen

berg (de)	mal (m)	[mal]
bergketen (de)	vargmal (m)	[vargmál]
gebergte (het)	kresht malor (m)	[kréʃt malór]
bergtop (de)	majë (f)	[májə]
bergpiek (de)	maja më e lartë (f)	[mája mə ɛ lártə]
voet (ov. de berg)	rrëza e malit (f)	[rəza ɛ málit]
helling (de)	shpat (m)	[ʃpat]
vulkaan (de)	vullkan (m)	[vuɫkán]
actieve vulkaan (de)	vullkan aktiv (m)	[vuɫkán aktív]
uitgedoofde vulkaan (de)	vullkan i fjetur (m)	[vuɫkán i fjétur]
uitbarsting (de)	shpërthim (m)	[ʃpərθím]
krater (de)	krater (m)	[kratér]
magma (het)	magmë (f)	[mágmə]
lava (de)	llavë (f)	[ɫávə]
gloeiend (~e lava)	i shkrirë	[i ʃkrírə]
kloof (canyon)	kanion (m)	[kanión]
bergkloof (de)	grykë (f)	[grýkə]
spleet (de)	çarje (f)	[tʃárjɛ]
afgrond (de)	humnerë (f)	[humnérə]
bergpas (de)	kalim (m)	[kalím]
plateau (het)	pllajë (f)	[pɫájə]
klip (de)	shkëmb (m)	[ʃkəmb]
heuvel (de)	kodër (f)	[kódər]
gletsjer (de)	akullnajë (f)	[akuɫnájə]
waterval (de)	ujëvarë (f)	[ujəvárə]
geiser (de)	gejzer (m)	[gɛjzér]
meer (het)	liqen (m)	[licén]
vlakte (de)	fushë (f)	[fúʃə]
landschap (het)	peizazh (m)	[pɛizáʒ]
echo (de)	jehonë (f)	[jɛhónə]

alpinist (de)	alpinist (m)	[alpiníst]
bergbeklimmer (de)	alpinist shkëmbßinjsh (m)	[alpiníst ʃkəmbiɲʃ]
trotseren (berg ~)	pushtoj majën	[puʃtój májən]
beklimming (de)	ngjitje (f)	[ɲʝítjɛ]

80. Bergen namen

Alpen (de)	Alpet (pl)	[alpét]
Mont Blanc (de)	Montblanc (m)	[montblánk]
Pyreneeën (de)	Pirenejet (pl)	[pirɛnéjɛt]

Karpaten (de)	Karpatet (m)	[karpátɛt]
Oeralgebergte (het)	Malet Urale (pl)	[málɛt urálɛ]
Kaukasus (de)	Malet Kaukaze (pl)	[málɛt kaukázɛ]
Elbroes (de)	Mali Elbrus (m)	[máli ɛlbrús]

Altaj (de)	Malet Altai (pl)	[málɛt altái]
Tiensjan (de)	Tian Shani (m)	[tían ʃáni]
Pamir (de)	Malet e Pamirit (m)	[málɛt ɛ pamírit]
Himalaya (de)	Himalajet (pl)	[himalájɛt]
Everest (de)	Mali Everest (m)	[máli ɛvɛrést]

| Andes (de) | andet (pl) | [ándɛt] |
| Kilimanjaro (de) | Mali Kilimanxharo (m) | [máli kilimandʒáro] |

81. Rivieren

rivier (de)	lum (m)	[lum]
bron (~ van een rivier)	burim (m)	[burím]
rivierbedding (de)	shtrat lumi (m)	[ʃtrat lúmi]
rivierbekken (het)	basen (m)	[basén]
uitmonden in ...	rrjedh ...	[rjéð ...]

| zijrivier (de) | derdhje (f) | [dérðjɛ] |
| oever (de) | breg (m) | [brɛg] |

stroming (de)	rrymë (f)	[rýmə]
stroomafwaarts (bw)	rrjedhje e poshtme	[rjéðjɛ ɛ póʃtmɛ]
stroomopwaarts (bw)	rrjedhje e sipërme	[rjéðjɛ ɛ sípərmɛ]

overstroming (de)	vërshim (m)	[vərʃím]
overstroming (de)	përmbytje (f)	[pərmbýtjɛ]
buiten zijn oevers treden	vërshon	[vərʃón]
overstromen (ww)	përmbytet	[pərmbýtɛt]

| zandbank (de) | cekëtinë (f) | [tsɛkətínə] |
| stroomversnelling (de) | rrjedhë (f) | [rjéðə] |

dam (de)	digë (f)	[dígə]
kanaal (het)	kanal (m)	[kanál]
spaarbekken (het)	rezervuar (m)	[rɛzɛrvuár]
sluis (de)	pendë ujore (f)	[péndə ujórɛ]

waterlichaam (het)	**plan hidrik** (m)	[plan hidrík]
moeras (het)	**kënetë** (f)	[kənétə]
broek (het)	**moçal** (m)	[motʃ ál]
draaikolk (de)	**vorbull** (f)	[vórbuɫ]
stroom (de)	**përrua** (f)	[pərúa]
drink- (abn)	**i pijshëm**	[i píʃʃəm]
zoet (~ water)	**i freskët**	[i fréskət]
ijs (het)	**akull** (m)	[ákuɫ]
bevriezen (rivier, enz.)	**ngrihet**	[ŋríhɛt]

82. Namen van rivieren

Seine (de)	**Sena** (f)	[séna]
Loire (de)	**Loire** (f)	[luar]
Theems (de)	**Temza** (f)	[témza]
Rijn (de)	**Rajnë** (m)	[rájnə]
Donau (de)	**Danubi** (m)	[danúbi]
Wolga (de)	**Volga** (f)	[vólga]
Don (de)	**Doni** (m)	[dóni]
Lena (de)	**Lena** (f)	[léna]
Gele Rivier (de)	**Lumi i Verdhë** (m)	[lúmi i vérðə]
Blauwe Rivier (de)	**Jangce** (f)	[jaŋtsé]
Mekong (de)	**Mekong** (m)	[mɛkóŋ]
Ganges (de)	**Gang** (m)	[gaŋ]
Nijl (de)	**Lumi Nil** (m)	[lúmi nil]
Kongo (de)	**Lumi Kongo** (m)	[lúmi kóŋo]
Okavango (de)	**Lumi Okavango** (m)	[lúmi okaváŋo]
Zambezi (de)	**Lumi Zambezi** (m)	[lúmi zambézi]
Limpopo (de)	**Lumi Limpopo** (m)	[lúmi limpópo]
Mississippi (de)	**Lumi Misisipi** (m)	[lúmi misisípi]

83. Bos

bos (het)	**pyll** (m)	[pyɫ]
bos- (abn)	**pyjor**	[pyjór]
oerwoud (dicht bos)	**pyll i ngjeshur** (m)	[pyɫ i ŋʲéʃur]
bosje (klein bos)	**zabel** (m)	[zabél]
open plek (de)	**lëndinë** (f)	[ləndínə]
struikgewas (het)	**pyllëz** (m)	[pýɫəz]
struiken (mv.)	**shkurre** (f)	[ʃkúrɛ]
paadje (het)	**shteg** (m)	[ʃtɛg]
ravijn (het)	**hon** (m)	[hon]
boom (de)	**pemë** (f)	[pémə]

| blad (het) | gjeth (m) | [ɟɛθ] |
| gebladerte (het) | gjethe (pl) | [ɟéθɛ] |

vallende bladeren (mv.)	rënie e gjetheve (f)	[rəníɛ ɛ ɟéθɛvɛ]
vallen (ov. de bladeren)	bien	[bíɛn]
boomtop (de)	maje (f)	[májɛ]

tak (de)	degë (f)	[dégə]
ent (de)	degë (f)	[dégə]
knop (de)	syth (m)	[syθ]
naald (de)	shtiza pishe (f)	[ʃtíza píʃɛ]
dennenappel (de)	lule pishe (f)	[lúlɛ píʃɛ]

boom holte (de)	zgavër (f)	[zgávər]
nest (het)	fole (f)	[folé]
hol (het)	strofull (f)	[stróful]

stam (de)	trung (m)	[truŋ]
wortel (bijv. boom~s)	rrënjë (f)	[réɲə]
schors (de)	lëvore (f)	[ləvórɛ]
mos (het)	myshk (m)	[myʃk]

ontwortelen (een boom)	shkul	[ʃkul]
kappen (een boom ~)	pres	[prɛs]
ontbossen (ww)	shpyllëzoj	[ʃpyłəzój]
stronk (de)	cung (m)	[tsúŋ]

kampvuur (het)	zjarr kampingu (m)	[zjar kampíŋu]
bosbrand (de)	zjarr në pyll (m)	[zjar nə pył]
blussen (ww)	shuaj	[ʃúaj]

boswachter (de)	roje pyjore (f)	[rójɛ pyjórɛ]
bescherming (de)	mbrojtje (f)	[mbrójtjɛ]
beschermen	mbroj	[mbrój]
(bijv. de natuur ~)		
stroper (de)	gjahtar i jashtëligjshëm (m)	[ɟahtár i jaʃtəlíɟʃəm]
val (de)	grackë (f)	[grátskə]

| plukken (vruchten, enz.) | mbledh | [mbléð] |
| verdwalen (de weg kwijt zijn) | humb rrugën | [húmb rúgən] |

84. Natuurlijke hulpbronnen

natuurlijke rijkdommen (mv.)	burime natyrore (pl)	[burímɛ natyrórɛ]
delfstoffen (mv.)	minerale (pl)	[minɛrálɛ]
lagen (mv.)	depozita (pl)	[dɛpozíta]
veld (bijv. olie~)	fushë (f)	[fúʃə]

winnen (uit erts ~)	nxjerr	[ndzjér]
winning (de)	nxjerrje mineralesh (f)	[ndzjérjɛ minɛrálɛʃ]
erts (het)	xehe (f)	[dzéhɛ]
mijn (bijv. kolenmijn)	minierë (f)	[miniérə]
mijnschacht (de)	nivel (m)	[nivél]
mijnwerker (de)	minator (m)	[minatór]

gas (het)	**gaz** (m)	[gaz]
gasleiding (de)	**gazsjellës** (m)	[gazsjéɫəs]
olie (aardolie)	**naftë** (f)	[náftə]
olieleiding (de)	**naftësjellës** (f)	[naftəsjéɫəs]
oliebron (de)	**pus nafte** (m)	[pus náftɛ]
boortoren (de)	**burim nafte** (m)	[burím náftɛ]
tanker (de)	**anije-cisternë** (f)	[aníjɛ-tsistérnə]
zand (het)	**rërë** (f)	[rérə]
kalksteen (de)	**gur gëlqeror** (m)	[gur gəlcɛrór]
grind (het)	**zhavorr** (m)	[ʒavór]
veen (het)	**torfë** (f)	[tórfə]
klei (de)	**argjilë** (f)	[aɲílə]
steenkool (de)	**qymyr** (m)	[cymýr]
ijzer (het)	**hekur** (m)	[hékur]
goud (het)	**ar** (m)	[ár]
zilver (het)	**argjend** (m)	[aɲénd]
nikkel (het)	**nikel** (m)	[nikél]
koper (het)	**bakër** (m)	[bákər]
zink (het)	**zink** (m)	[zink]
mangaan (het)	**mangan** (m)	[maŋán]
kwik (het)	**merkur** (m)	[mɛrkúɾ]
lood (het)	**plumb** (m)	[plúmb]
mineraal (het)	**mineral** (m)	[minɛrál]
kristal (het)	**kristal** (m)	[kristál]
marmer (het)	**mermer** (m)	[mɛrmér]
uraan (het)	**uranium** (m)	[uraniùm]

85. Weer

weer (het)	**moti** (m)	[móti]
weersvoorspelling (de)	**parashikimi i motit** (m)	[paraʃikími i mótit]
temperatuur (de)	**temperaturë** (f)	[tɛmpɛratúrə]
thermometer (de)	**termometër** (m)	[tɛrmométər]
barometer (de)	**barometër** (m)	[barométər]
vochtig (bn)	**i lagësht**	[i lágəʃt]
vochtigheid (de)	**lagështi** (f)	[lagəʃtí]
hitte (de)	**vapë** (f)	[vápə]
heet (bn)	**shumë nxehtë**	[ʃúmə ndzéhtə]
het is heet	**është nxehtë**	[əʃtə ndzéhtə]
het is warm	**është ngrohtë**	[əʃtə ŋróhtə]
warm (bn)	**ngrohtë**	[ŋróhtə]
het is koud	**bën ftohtë**	[bən ftóhtə]
koud (bn)	**i ftohtë**	[i ftóhtə]
zon (de)	**diell** (m)	[díɛɫ]
schijnen (de zon)	**ndriçon**	[ndritʃón]

zonnig (~e dag)	me diell	[mɛ díɛł]
opgaan (ov. de zon)	agon	[agón]
ondergaan (ww)	perëndon	[pɛrəndón]

wolk (de)	re (f)	[rɛ]
bewolkt (bn)	vranët	[vránət]
regenwolk (de)	re shiu (f)	[rɛ ʃíu]
somber (bn)	vranët	[vránət]

regen (de)	shi (m)	[ʃi]
het regent	bie shi	[bíɛ ʃi]
regenachtig (bn)	me shi	[mɛ ʃi]
motregenen (ww)	shi i imët	[ʃi i ímət]

plensbui (de)	shi litar (m)	[ʃi litár]
stortbui (de)	stuhi shiu (f)	[stuhí ʃiu]
hard (bn)	i fortë	[i fórtə]
plas (de)	brakë (f)	[brákə]
nat worden (ww)	lagem	[lágɛm]

mist (de)	mjegull (f)	[mjéguł]
mistig (bn)	e mjegullt	[ɛ mjégułt]
sneeuw (de)	borë (f)	[bórə]
het sneeuwt	bie borë	[bíɛ bórə]

86. Zwaar weer. Natuurrampen

noodweer (storm)	stuhi (f)	[stuhí]
bliksem (de)	vetëtimë (f)	[vɛtətímə]
flitsen (ww)	vetëton	[vɛtətón]

donder (de)	bubullimë (f)	[bubułímə]
donderen (ww)	bubullon	[bubułón]
het dondert	bubullon	[bubułón]

| hagel (de) | breshër (m) | [bréʃər] |
| het hagelt | po bie breshër | [po bíɛ bréʃər] |

| overstromen (ww) | përmbytet | [pərmbýtɛt] |
| overstroming (de) | përmbytje (f) | [pərmbýtjɛ] |

aardbeving (de)	tërmet (m)	[tərmét]
aardschok (de)	lëkundje (f)	[ləkúndjɛ]
epicentrum (het)	epiqendër (f)	[ɛpicéndər]

| uitbarsting (de) | shpërthim (m) | [ʃpərθím] |
| lava (de) | llavë (f) | [łávə] |

wervelwind (de)	vorbull (f)	[vórbuł]
windhoos (de)	tornado (f)	[tornádo]
tyfoon (de)	tajfun (m)	[tajfún]

| orkaan (de) | uragan (m) | [uragán] |
| storm (de) | stuhi (f) | [stuhí] |

tsunami (de)	**cunam** (m)	[tsunám]
cycloon (de)	**ciklon** (m)	[tsiklón]
onweer (het)	**mot i keq** (m)	[mot i kɛc]
brand (de)	**zjarr** (m)	[zjar]
ramp (de)	**fatkeqësi** (f)	[fatkɛcəsí]
meteoriet (de)	**meteor** (m)	[mɛtɛór]
lawine (de)	**ortek** (m)	[orték]
sneeuwverschuiving (de)	**rrëshqitje bore** (f)	[rəʃcítjɛ bórɛ]
sneeuwjacht (de)	**stuhi bore** (f)	[stuhí bórɛ]
sneeuwstorm (de)	**stuhi bore** (f)	[stuhí bórɛ]

FAUNA

87. Zoogdieren. Roofdieren

roofdier (het)	grabitqar (m)	[grabitcár]
tijger (de)	tigër (m)	[tígər]
leeuw (de)	luan (m)	[luán]
wolf (de)	ujk (m)	[ujk]
vos (de)	dhelpër (f)	[ðélpər]
jaguar (de)	jaguar (m)	[jaguár]
luipaard (de)	leopard (m)	[lɛopárd]
jachtluipaard (de)	gepard (m)	[gɛpárd]
panter (de)	panterë e zezë (f)	[pantérə ɛ zézə]
poema (de)	puma (f)	[púma]
sneeuwluipaard (de)	leopard i borës (m)	[lɛopárd i bórəs]
lynx (de)	rrëqebull (m)	[rəcébuɫ]
coyote (de)	kojotë (f)	[kojótə]
jakhals (de)	çakall (m)	[tʃakáɫ]
hyena (de)	hienë (f)	[hiénə]

88. Wilde dieren

dier (het)	kafshë (f)	[káfʃə]
beest (het)	bishë (f)	[bíʃə]
eekhoorn (de)	ketër (m)	[kétər]
egel (de)	iriq (m)	[iríc]
haas (de)	lepur i egër (m)	[lépur i égər]
konijn (het)	lepur (m)	[lépuʃ]
das (de)	vjedull (f)	[vjéduɫ]
wasbeer (de)	rakun (m)	[rakún]
hamster (de)	hamster (m)	[hamstér]
marmot (de)	marmot (m)	[maɾmót]
mol (de)	urith (m)	[uríθ]
muis (de)	mi (m)	[mi]
rat (de)	mi (m)	[mi]
vleermuis (de)	lakuriq (m)	[lakuríc]
hermelijn (de)	herminë (f)	[hɛrmínə]
sabeldier (het)	kunadhe (f)	[kunáðɛ]
marter (de)	shqarth (m)	[ʃcarθ]
wezel (de)	nuselalë (f)	[nusɛlálə]
nerts (de)	vizon (m)	[vizón]

bever (de)	**kastor** (m)	[kastór]
otter (de)	**vidër** (f)	[vídər]
paard (het)	**kali** (m)	[káli]
eland (de)	**dre brilopatë** (m)	[drɛ brilopátə]
hert (het)	**dre** (f)	[drɛ]
kameel (de)	**deve** (f)	[dévɛ]
bizon (de)	**bizon** (m)	[bizón]
wisent (de)	**bizon evropian** (m)	[bizón ɛvropián]
buffel (de)	**buall** (m)	[búałl]
zebra (de)	**zebër** (f)	[zébər]
antilope (de)	**antilopë** (f)	[antilópə]
ree (de)	**dre** (f)	[drɛ]
damhert (het)	**dre ugar** (m)	[drɛ ugár]
gems (de)	**kamosh** (m)	[kamóʃ]
everzwijn (het)	**derr i egër** (m)	[dér i égər]
walvis (de)	**balenë** (f)	[balénə]
rob (de)	**fokë** (f)	[fókə]
walrus (de)	**lopë deti** (f)	[lópə déti]
zeebeer (de)	**fokë** (f)	[fókə]
dolfijn (de)	**delfin** (m)	[dɛlfín]
beer (de)	**ari** (m)	[arí]
ijsbeer (de)	**ari polar** (m)	[arí polár]
panda (de)	**panda** (f)	[pánda]
aap (de)	**majmun** (m)	[majmún]
chimpansee (de)	**shimpanze** (f)	[ʃimpánzɛ]
orang-oetan (de)	**orangutan** (m)	[oraŋután]
gorilla (de)	**gorillë** (f)	[goríłə]
makaak (de)	**majmun makao** (m)	[majmún makáo]
gibbon (de)	**gibon** (m)	[gibón]
olifant (de)	**elefant** (m)	[ɛlɛfánt]
neushoorn (de)	**rinoqeront** (m)	[rinoɛerónt]
giraffe (de)	**gjirafë** (f)	[ɟiráfə]
nijlpaard (het)	**hipopotam** (m)	[hipopotám]
kangoeroe (de)	**kangur** (m)	[kaŋúr]
koala (de)	**koala** (f)	[koála]
mangoest (de)	**mangustë** (f)	[maŋústə]
chinchilla (de)	**çinçila** (f)	[tʃintʃíla]
stinkdier (het)	**qelbës** (m)	[célbəs]
stekelvarken (het)	**ferrëgjatë** (m)	[fɛrəɟátə]

89. Huisdieren

poes (de)	**mace** (f)	[mátsɛ]
kater (de)	**maçok** (m)	[matʃók]
hond (de)	**qen** (m)	[cɛn]

paard (het)	kali (m)	[káli]
hengst (de)	hamshor (m)	[hamʃór]
merrie (de)	pelë (f)	[pélə]

koe (de)	lopë (f)	[lópə]
bul, stier (de)	dem (m)	[dém]
os (de)	ka (m)	[ka]

oohaap (het)	dele (f)	[délɛ]
ram (de)	dash (m)	[daʃ]
geit (de)	dhi (f)	[ði]
bok (de)	cjap (m)	[tsjáp]

| ezel (de) | gomar (m) | [gomár] |
| muilezel (de) | mushkë (f) | [múʃkə] |

varken (het)	derr (m)	[dɛr]
biggetje (het)	derrkuc (m)	[dɛrkúts]
konijn (het)	lepur (m)	[lépur]

| kip (de) | pulë (f) | [púlə] |
| haan (de) | gjel (m) | [ɟél] |

eend (de)	rosë (f)	[rósə]
woerd (de)	rosak (m)	[rosák]
gans (de)	patë (f)	[pátə]

| kalkoen haan (de) | gjel deti i egër (m) | [ɟél déti i égər] |
| kalkoen (de) | gjel deti (m) | [ɟél déti] |

huisdieren (mv.)	kafshë shtëpiake (f)	[káfʃə ʃtəpiákɛ]
tam (bijv. hamster)	i zbutur	[i zbútur]
temmen (tam maken)	zbus	[zbus]
fokken (bijv. paarden ~)	rrit	[rit]

boerderij (de)	fermë (f)	[férmə]
gevogelte (het)	pulari (f)	[pularí]
rundvee (het)	bagëti (f)	[bagətí]
kudde (de)	kope (f)	[kopé]

paardenstal (de)	stallë (f)	[státə]
zwijnenstal (de)	stallë e derrave (f)	[státə ɛ déravɛ]
koeienstal (de)	stallë e lopëve (f)	[státə ɛ lópəvɛ]
konijnenhok (het)	kolibe lepujsh (f)	[kolíbɛ lépujʃ]
kippenhok (het)	kotec (m)	[kotéts]

90. Vogels

vogel (de)	zog (m)	[zog]
duif (de)	pëllumb (m)	[pətúmb]
mus (de)	harabel (m)	[harabél]
koolmees (de)	xhixhimës (m)	[dʒidʒimés]
ekster (de)	laraskë (f)	[laráskə]
raaf (de)	korb (m)	[korb]

kraai (de)	sorrë (f)	[sórə]
kauw (de)	galë (f)	[gálə]
roek (de)	sorrë (f)	[sórə]
eend (de)	rosë (f)	[rósə]
gans (de)	patë (f)	[pátə]
fazant (de)	fazan (m)	[fazán]
arend (de)	shqiponjë (f)	[ʃcipóɲə]
havik (de)	gjeraqinë (f)	[ɟɛracínə]
valk (de)	fajkua (f)	[fajkúa]
gier (de)	hutë (f)	[hútə]
condor (de)	kondor (m)	[kondór]
zwaan (de)	mjellmë (f)	[mjéɫmə]
kraanvogel (de)	lejlek (m)	[lɛjlék]
ooievaar (de)	lejlek (m)	[lɛjlék]
papegaai (de)	papagall (m)	[papagáɫ]
kolibrie (de)	kolibri (m)	[kolíbri]
pauw (de)	pallua (m)	[paɫúa]
struisvogel (de)	struc (m)	[struts]
reiger (de)	çafkë (f)	[tʃáfkə]
flamingo (de)	flamingo (m)	[flamíɲo]
pelikaan (de)	pelikan (m)	[pɛlikán]
nachtegaal (de)	bilbil (m)	[bilbíl]
zwaluw (de)	dallëndyshe (f)	[daɫəndýʃɛ]
lijster (de)	mëllenjë (f)	[məɫéɲə]
zanglijster (de)	grifsha (f)	[gríʃʃa]
merel (de)	mëllenjë (f)	[məɫéɲə]
gierzwaluw (de)	dallëndyshe (f)	[daɫəndýʃɛ]
leeuwerik (de)	thëllëzë (f)	[θəɫézə]
kwartel (de)	trumcak (m)	[trumtsák]
specht (de)	qukapik (m)	[cukapík]
koekoek (de)	kukuvajkë (f)	[kukuvájkə]
uil (de)	buf (m)	[buf]
oehoe (de)	buf mbretëror (m)	[buf mbrɛtərór]
auerhoen (het)	fazan i pyllit (m)	[fazán i pýɫit]
korhoen (het)	fazan i zi (m)	[fazán i zí]
patrijs (de)	thëllëzë (f)	[θəɫézə]
spreeuw (de)	gargull (m)	[gárguɫ]
kanarie (de)	kanarinë (f)	[kanarínə]
hazelhoen (het)	fazan mali (m)	[fazán máli]
vink (de)	trishtil (m)	[triʃtíl]
goudvink (de)	trishtil dimri (m)	[triʃtíl dímri]
meeuw (de)	pulëbardhë (f)	[puləbárðə]
albatros (de)	albatros (m)	[albatrós]
pinguïn (de)	penguin (m)	[pɛŋuín]

91. Vis. Zeedieren

brasem (de)	krapuliq (m)	[krapulíc]
karper (de)	krap (m)	[krap]
baars (de)	perç (m)	[pɛrtʃ]
meerval (de)	mustak (m)	[musták]
snoek (de)	mlysh (m)	[mlýʃ]
zalm (de)	salmon (m)	[salmón]
steur (de)	bli (m)	[blí]
haring (de)	harengë (f)	[harénə]
atlantische zalm (de)	salmon Atlantiku (m)	[salmón atlantíku]
makreel (de)	skumbri (m)	[skúmbri]
platvis (de)	shojzë (f)	[ʃójzə]
snoekbaars (de)	troftë (f)	[tróftə]
kabeljauw (de)	merluc (m)	[mɛrlúts]
tonijn (de)	tunë (f)	[túnə]
forel (de)	troftë (f)	[tróftə]
paling (de)	ngjalë (f)	[ɲálə]
sidderrog (de)	peshk elektrik (m)	[pɛʃk ɛlɛktrík]
murene (de)	ngjalë morel (f)	[ɲálə morél]
piranha (de)	piranja (f)	[piráɲa]
haai (de)	peshkaqen (m)	[pɛʃkacén]
dolfijn (de)	delfin (m)	[dɛlfín]
walvis (de)	balenë (f)	[balénə]
krab (de)	gaforre (f)	[gafórɛ]
kwal (de)	kandil deti (m)	[kandíl déti]
octopus (de)	oktapod (m)	[oktapód]
zeester (de)	yll deti (m)	[yɫ déti]
zee-egel (de)	iriq deti (m)	[iríc déti]
zeepaardje (het)	kalë deti (m)	[kálə déti]
oester (de)	midhje (f)	[míðjɛ]
garnaal (de)	karkalec (m)	[karkaléts]
kreeft (de)	karavidhe (f)	[karavíðɛ]
langoest (de)	karavidhe (f)	[karavíðɛ]

92. Amfibieën. Reptielen

slang (de)	gjarpër (m)	[árpər]
giftig (slang)	helmues	[hɛlmúɛs]
adder (de)	nepërka (f)	[nɛpérka]
cobra (de)	kobra (f)	[kóbra]
python (de)	piton (m)	[pitón]
boa (de)	boa (f)	[bóa]
ringslang (de)	kular (m)	[kulár]

ratelslang (de)	gjarpër me zile (m)	[ɟárpər mɛ zílɛ]
anaconda (de)	anakonda (f)	[anakónda]

hagedis (de)	hardhucë (f)	[harðútsə]
leguaan (de)	iguana (f)	[iguána]
varaan (de)	varan (m)	[varán]
salamander (de)	salamandër (f)	[salamándər]
kameleon (de)	kameleon (m)	[kamɛlɛón]
schorpioen (de)	akrep (m)	[akrép]

schildpad (de)	breshkë (f)	[bréʃkə]
kikker (de)	bretkosë (f)	[brɛtkósə]
pad (de)	zhabë (f)	[ʒábə]
krokodil (de)	krokodil (m)	[krokodíl]

93. Insecten

insect (het)	insekt (m)	[insékt]
vlinder (de)	flutur (f)	[flútur]
mier (de)	milingonë (f)	[miliɲónə]
vlieg (de)	mizë (f)	[mízə]
mug (de)	mushkonjë (f)	[muʃkóɲə]
kever (de)	brumbull (m)	[brúmbuɫ]

wesp (de)	grerëz (f)	[grérəz]
bij (de)	bletë (f)	[blétə]
hommel (de)	greth (m)	[grɛθ]
horzel (de)	zekth (m)	[ʐɛkθ]

spin (de)	merimangë (f)	[mɛrimáŋə]
spinnenweb (het)	rrjetë merimange (f)	[rjétə mɛrimáŋɛ]

libel (de)	pilivesë (f)	[pilivésə]
sprinkhaan (de)	karkalec (m)	[karkaléts]
nachtvlinder (de)	molë (f)	[mólə]

kakkerlak (de)	kacabu (f)	[katsabú]
teek (de)	rriqër (m)	[rícər]
vlo (de)	plesht (m)	[plɛʃt]
kriebelmug (de)	mushicë (f)	[muʃítsə]

treksprinkhaan (de)	gjinkallë (f)	[ɟinkáɫə]
slak (de)	kërmill (m)	[kərmíɫ]
krekel (de)	bulkth (m)	[búlkθ]
glimworm (de)	xixëllonjë (f)	[dzidzəɫóɲə]
lieveheersbeestje (het)	mollëkuqe (f)	[moɫəkúcɛ]
meikever (de)	vizhë (f)	[víʒə]

bloedzuiger (de)	shushunjë (f)	[ʃuʃúɲə]
rups (de)	vemje (f)	[vémjɛ]
aardworm (de)	krimb toke (m)	[krímb tókɛ]
larve (de)	larvë (f)	[lárvə]

FLORA

94. Bomen

boom (de)	pemë (f)	[pémə]
loof- (abn)	gjethor	[ɟεθór]
dennen- (abn)	halor	[halór]
groenblijvend (bn)	përherë të gjelbra	[pərhérə tə ɟélbra]

appelboom (de)	pemë molle (f)	[pémə mótɛ]
perenboom (de)	pemë dardhe (f)	[pémə dárðɛ]
zoete kers (de)	pemë qershie (f)	[pémə cɛrʃíɛ]
zure kers (de)	pemë qershi vishnje (f)	[pémə cɛrʃí víʃɲɛ]
pruimelaar (de)	pemë kumbulle (f)	[pémə kúmbutɛ]

berk (de)	mështekna (f)	[məʃtékna]
eik (de)	lis (m)	[lis]
linde (de)	bli (m)	[blí]
esp (de)	plep i egër (m)	[plɛp i égər]
esdoorn (de)	panjë (f)	[páɲə]
spar (de)	bredh (m)	[brɛð]
den (de)	pishë (f)	[píʃə]
lariks (de)	larsh (m)	[lárʃ]
zilverspar (de)	bredh i bardhë (m)	[brɛð i bárðə]
ceder (de)	kedër (m)	[kédər]

populier (de)	plep (m)	[plɛp]
lijsterbes (de)	vadhë (f)	[váðə]
wilg (de)	shelg (m)	[ʃɛlg]
els (de)	verr (m)	[vɛr]
beuk (de)	ah (m)	[ah]
iep (de)	elm (m)	[élm]
es (de)	shelg (m)	[ʃɛlg]
kastanje (de)	gështenjë (f)	[gəʃtéɲə]

magnolia (de)	manjolia (f)	[maɲólia]
palm (de)	palma (f)	[pálma]
cipres (de)	qiparis (m)	[ciparís]

mangrove (de)	rizoforë (f)	[rizofórə]
baobab (apenbroodboom)	baobab (m)	[baobáb]
eucalyptus (de)	eukalipt (m)	[ɛukalípt]
mammoetboom (de)	sekuojë (f)	[sɛkuójə]

95. Heesters

| struik (de) | shkurre (f) | [ʃkúrɛ] |
| heester (de) | kaçube (f) | [katʃúbɛ] |

wijnstok (de)	**hardhi** (f)	[harðí]
wijngaard (de)	**vreshtë** (f)	[vréʃtə]

frambozenstruik (de)	**mjedër** (f)	[mjédər]
zwarte bes (de)	**kaliboba e zezë** (f)	[kalibóba ε zézə]
rode bessenstruik (de)	**kaliboba e kuqe** (f)	[kalibóba ε kúcε]
kruisbessenstruik (de)	**shkurre kulumbrie** (f)	[ʃkúrε kulumbríε]

acacia (de)	**akacie** (f)	[akátsiε]
zuurbes (de)	**krespinë** (f)	[krεspínə]
jasmijn (de)	**jasemin** (m)	[jasεmín]

jeneverbes (de)	**dëllinjë** (f)	[dəɫíɲə]
rozenstruik (de)	**trëndafil** (m)	[trəndafíl]
hondsroos (de)	**trëndafil i egër** (m)	[trəndafíl i égər]

96. Vruchten. Bessen

vrucht (de)	**frut** (m)	[frut]
vruchten (mv.)	**fruta** (pl)	[frúta]

appel (de)	**mollë** (f)	[móɫə]
peer (de)	**dardhë** (f)	[dárðə]
pruim (de)	**kumbull** (f)	[kúmbuɫ]

aardbei (de)	**luleshtrydhe** (f)	[lulεʃtrýðε]
zure kers (de)	**qershi vishnje** (f)	[cεrʃí víʃɲε]
zoete kers (de)	**qershi** (f)	[cεrʃí]
druif (de)	**rrush** (m)	[ruʃ]

framboos (de)	**mjedër** (f)	[mjédər]
zwarte bes (de)	**kaliboba e zezë** (f)	[kalibóba ε zézə]
rode bes (de)	**kaliboba e kuqe** (f)	[kalibóba ε kúcε]
kruisbes (de)	**kulumbri** (f)	[kulumbrí]
veenbes (de)	**horonica** (f)	[boronítsa]

sinaasappel (de)	**portokall** (m)	[portokáɫ]
mandarijn (de)	**mandarinë** (f)	[mandarínə]
ananas (de)	**ananas** (m)	[ananás]
banaan (de)	**banane** (f)	[banánε]
dadel (de)	**hurmë** (f)	[húrmə]

citroen (de)	**limon** (m)	[limón]
abrikoos (de)	**kajsi** (f)	[kajsí]
perzik (de)	**pjeshkë** (f)	[pjéʃkə]

kiwi (de)	**kivi** (m)	[kívi]
grapefruit (de)	**grejpfrut** (m)	[grεjpfrút]

bes (de)	**manë** (f)	[mánə]
bessen (mv.)	**mana** (f)	[mána]
vossenbes (de)	**boronicë mirtile** (f)	[boronítsə mirtílε]
bosaardbei (de)	**luleshtrydhe e egër** (f)	[lulεʃtrýðε ε égər]
blauwe bosbes (de)	**boronicë** (f)	[boronítsə]

97. Bloemen. Planten

bloem (de)	lule (f)	[lúlɛ]
boeket (het)	buqetë (f)	[buçétə]
roos (de)	trëndafil (m)	[trəndafíl]
tulp (de)	tulipan (m)	[tulipán]
anjer (de)	karafil (m)	[karafíl]
gladiool (de)	gladiolë (f)	[gladiólə]
korenbloem (de)	lule misri (f)	[lúlɛ mísri]
klokje (het)	lule këmborë (f)	[lúlɛ kəmbórə]
paardenbloem (de)	luleradhiqe (f)	[lulɛraðícɛ]
kamille (de)	kamomil (m)	[kamomíl]
aloë (de)	aloe (f)	[alóɛ]
cactus (de)	kaktus (m)	[kaktús]
ficus (de)	fikus (m)	[fíkus]
lelie (de)	zambak (m)	[zambák]
geranium (de)	barbarozë (f)	[barbarózə]
hyacint (de)	zymbyl (m)	[zymbýl]
mimosa (de)	mimoza (f)	[mimóza]
narcis (de)	narcis (m)	[nartsís]
Oost-Indische kers (de)	lule këmbore (f)	[lúlɛ kəmbórɛ]
orchidee (de)	orkide (f)	[orkidé]
pioenroos (de)	bozhure (f)	[boʒúrɛ]
viooltje (het)	vjollcë (f)	[vjóɫtsə]
driekleurig viooltje (het)	lule vjollca (f)	[lúlɛ vjóɫtsa]
vergeet-mij-nietje (het)	mosmëharro (f)	[mosməharó]
madeliefje (het)	margaritë (f)	[margarítə]
papaver (de)	lulëkuqe (f)	[luləkúcɛ]
hennep (de)	kërp (m)	[kérp]
munt (de)	mendër (f)	[méndər]
lelietje-van-dalen (het)	zambak i fushës (m)	[zambák i fúʃəs]
sneeuwklokje (het)	luleborë (f)	[lulɛbórə]
brandnetel (de)	hithra (f)	[híθra]
veldzuring (de)	lëpjeta (f)	[ləpjéta]
waterlelie (de)	zambak uji (m)	[zambák új i]
varen (de)	fier (m)	[fíɛr]
korstmos (het)	likene (f)	[likénɛ]
oranjerie (de)	serrë (f)	[sérə]
gazon (het)	lëndinë (f)	[ləndínə]
bloemperk (het)	kënd lulishteje (m)	[kənd lulíʃtɛjɛ]
plant (de)	bimë (f)	[bímə]
gras (het)	bar (m)	[bar]
grasspriet (de)	fije bari (f)	[fíjɛ bári]

blad (het)	**gjeth** (m)	[ɟɛθ]
bloemblad (het)	**petale** (f)	[pɛtálɛ]
stengel (de)	**bisht** (m)	[biʃt]
knol (de)	**zhardhok** (m)	[ʒarðók]
scheut (de)	**filiz** (m)	[filíz]
doorn (de)	**gjemb** (m)	[ɟémb]
bloeien (ww)	**lulëzoj**	[lulǝzój]
verwelken (ww)	**vyshket**	[výʃkɛt]
geur (de)	**aromë** (f)	[arómǝ]
snijden (bijv. bloemen ~)	**pres lulet**	[prɛs lúlɛt]
plukken (bloemen ~)	**mbledh lule**	[mbléð lúlɛ]

98. Granen, graankorrels

graan (het)	**drithë** (m)	[dríθǝ]
graangewassen (mv.)	**drithëra** (pl)	[dríθǝra]
aar (de)	**kaush** (m)	[kaúʃ]
tarwe (de)	**grurë** (f)	[grúrǝ]
rogge (de)	**thekër** (f)	[θékǝr]
haver (de)	**tërshërë** (f)	[tǝrʃérǝ]
gierst (de)	**mel** (m)	[mɛl]
gerst (de)	**elb** (m)	[ɛlb]
maïs (de)	**misër** (m)	[mísǝr]
rijst (de)	**oriz** (m)	[oríz]
boekweit (de)	**hikërr** (m)	[híkǝr]
erwt (de)	**bizele** (f)	[bizélɛ]
nierboon (de)	**groshë** (f)	[gróʃǝ]
soja (de)	**sojë** (f)	[sójǝ]
linze (de)	**thjerrëz** (f)	[θjérǝz]
bonen (mv.)	**fasule** (f)	[fasúlɛ]

LANDEN VAN DE WERELD

99. Landen. Deel 1

Afghanistan (het)	Afganistan (m)	[afganistán]
Albanië (het)	Shqipëri (f)	[ʃcipərí]
Argentinië (het)	Argjentinë (f)	[arɟɛntínə]
Armenië (het)	Armeni (f)	[armɛní]
Australië (het)	Australia (f)	[australía]
Azerbeidzjan (het)	Azerbajxhan (m)	[azɛrbajdʒán]
Bahama's (mv.)	Bahamas (m)	[bahámas]
Bangladesh (het)	Bangladesh (m)	[baŋladéʃ]
België (het)	Belgjikë (f)	[bɛlɟíkə]
Bolivia (het)	Bolivi (f)	[boliví]
Bosnië en Herzegovina (het)	Bosnje Herzegovina (f)	[bósɲɛ hɛrzɛgovína]
Brazilië (het)	Brazil (m)	[brazíl]
Bulgarije (het)	Bullgari (f)	[buɫgarí]
Cambodja (het)	Kamboxhia (f)	[kambódʒia]
Canada (het)	Kanada (f)	[kanadá]
Chili (het)	Kili (m)	[kíli]
China (het)	Kinë (f)	[kínə]
Colombia (het)	Kolumbi (f)	[kolumbí]
Cuba (het)	Kuba (f)	[kúba]
Cyprus (het)	Qipro (f)	[cípro]
Denemarken (het)	Danimarkë (f)	[danimárkə]
Dominicaanse Republiek (de)	Republika Dominikane (f)	[rɛpublíka dominikánɛ]
Duitsland (het)	Gjermani (f)	[ɟɛrmaní]
Ecuador (het)	Ekuador (m)	[ɛkuadór]
Egypte (het)	Egjipt (m)	[ɛɟípt]
Engeland (het)	Angli (f)	[aŋlí]
Estland (het)	Estoni (f)	[ɛstoní]
Finland (het)	Finlandë (f)	[finlándə]
Frankrijk (het)	Francë (f)	[frántsə]
Frans-Polynesië	Polinezia Franceze (f)	[polinɛzía frantsézɛ]
Georgië (het)	Gjeorgji (f)	[ɟɛorɟí]
Ghana (het)	Gana (f)	[gána]
Griekenland (het)	Greqi (f)	[grɛcí]
Groot-Brittannië (het)	Britani e Madhe (f)	[brítani ɛ máðɛ]
Haïti (het)	Haiti (m)	[haíti]
Hongarije (het)	Hungari (f)	[huŋarí]
Ierland (het)	Irlandë (f)	[irlándə]
IJsland (het)	Islandë (f)	[islándə]
India (het)	Indi (f)	[indí]
Indonesië (het)	Indonezi (f)	[indonɛzí]

Irak (het)	Irak (m)	[irak]
Iran (het)	Iran (m)	[irán]
Israël (het)	Izrael (m)	[izraél]
Italië (het)	Itali (f)	[italí]

100. Landen. Deel 2

Jamaica (het)	Xhamajka (f)	[dʒamájka]
Japan (het)	Japoni (f)	[japoní]
Jordanië (het)	Jordani (f)	[jordaní]
Kazakstan (het)	Kazakistan (m)	[kazakistán]
Kenia (het)	Kenia (f)	[kénia]
Kirgizië (het)	Kirgistan (m)	[kirgistán]
Koeweit (het)	Kuvajt (m)	[kuvájt]

Kroatië (het)	Kroaci (f)	[kroatsí]
Laos (het)	Laos (m)	[láos]
Letland (het)	Letoni (f)	[lɛtoní]
Libanon (het)	Liban (m)	[libán]
Libië (het)	Libia (f)	[libía]
Liechtenstein (het)	Lichtenstein (m)	[litshtɛnstéin]
Litouwen (het)	Lituani (f)	[lituaní]

Luxemburg (het)	Luksemburg (m)	[luksɛmbúrg]
Macedonië (het)	Maqedonia (f)	[macɛdonía]
Madagaskar (het)	Madagaskar (m)	[madagaskár]
Maleisië (het)	Malajzi (f)	[malajzí]
Malta (het)	Maltë (f)	[máltə]
Marokko (het)	Marok (m)	[marók]
Mexico (het)	Meksikë (f)	[mɛksíkə]

Moldavië (het)	Moldavi (f)	[moldaví]
Monaco (het)	Monako (f)	[monáko]
Mongolië (het)	Mongoli (f)	[moŋolí]
Montenegro (het)	Mali i Zi (m)	[máli i zí]
Myanmar (het)	Mianmar (m)	[mianmár]
Namibië (het)	Namibia (f)	[namíbia]
Nederland (het)	Holandë (f)	[holándə]

Nepal (het)	Nepal (m)	[nɛpál]
Nieuw-Zeeland (het)	Zelandë e Re (f)	[zɛlándə ɛ ré]
Noord-Korea (het)	Korea e Veriut (f)	[koréa ɛ vériut]
Noorwegen (het)	Norvegji (f)	[norvɛɟí]
Oekraïne (het)	Ukrainë (f)	[ukraínə]
Oezbekistan (het)	Uzbekistan (m)	[uzbɛkistán]
Oostenrijk (het)	Austri (f)	[austrí]

101. Landen. Deel 3

Pakistan (het)	Pakistan (m)	[pakistán]
Palestijnse autonomie (de)	Palestinë (f)	[palɛstínə]
Panama (het)	Panama (f)	[panamá]

Paraguay (het)	Paraguai (m)	[paraguái]
Peru (het)	Peru (f)	[pɛrú]
Polen (het)	Poloni (f)	[poloní]
Portugal (het)	Portugali (f)	[portugalí]
Roemenië (het)	Rumani (f)	[rumaní]

Rusland (het)	Rusi (f)	[rusí]
Saoedi-Arabië (het)	Arabia Saudite (f)	[arabía saudíte]
Schotland (het)	Skoci (f)	[skotsí]
Senegal (het)	Senegal (m)	[sɛnɛgál]
Servië (het)	Serbi (f)	[sɛrbí]
Slovenië (het)	Sllovenia (f)	[sɫovɛnía]
Slowakije (het)	Sllovaki (f)	[sɫovakí]
Spanje (het)	Spanjë (f)	[spáɲə]

Suriname (het)	Surinam (m)	[surinám]
Syrië (het)	Siri (f)	[sirí]
Tadzjikistan (het)	Taxhikistan (m)	[tadʒikistán]
Taiwan (het)	Tajvan (m)	[tajván]
Tanzania (het)	Tanzani (f)	[tanzaní]
Tasmanië (het)	Tasmani (f)	[tasmaní]
Thailand (het)	Tajlandë (f)	[tajlándə]

Tsjechië (het)	Republika Çeke (f)	[rɛpublíka tʃékɛ]
Tunesië (het)	Tunizi (f)	[tunizí]
Turkije (het)	Turqi (f)	[turcí]
Turkmenistan (het)	Turkmenistan (m)	[turkmɛnistán]
Uruguay (het)	Uruguai (m)	[uruguái]
Vaticaanstad (de)	Vatikan (m)	[vatikán]
Venezuela (het)	Venezuelë (f)	[vɛnɛzuélə]
Verenigde Arabische Emiraten	Emiratet e Bashkuara Arabe (pl)	[ɛmirátɛt ɛ baʃkúara arábɛ]

Verenigde Staten van Amerika	Shtetet e Bashkuara të Amerikës	[ʃtétɛt ɛ baʃkúara tə amɛríkəs]
Vietnam (het)	Vietnam (m)	[viɛtnám]
Wit-Rusland (het)	Bjellorusi (f)	[bjɛɫorusí]
Zanzibar (het)	Zanzibar (m)	[zanzibár]
Zuid-Afrika (het)	Afrika e Jugut (f)	[afríka ɛ júgut]
Zuid-Korea (het)	Korea e Jugut (f)	[koréa ɛ júgut]
Zweden (het)	Suedi (f)	[suɛdí]
Zwitserland (het)	Zvicër (f)	[zvítsər]

www.ingramcontent.com/pod-product-compliance
Lightning Source LLC
Chambersburg PA
CBHW071502070426
42452CB00041B/2118